Matthias Horx

Future Tools

Werkzeuge zum Zukunftsdenken

Eine Einführung in die systemische
Trend- und Zukunftsforschung

Dieses Buch ist gewidmet

dem

Zukunftsagenten

der

Zukunftsagentin

Vorwort

Zukunftsagenten sind Menschen, die in einer ganz besonderen Weise in der Gegenwart leben. Sie sehen sich als Vertreter des Kommenden. Als Anwälte und Vertreter eines möglichen Morgen.

Zukunftsagenten **glauben** daran, dass wir – die Menschen, die Erde, die Welt – eine Zukunft haben. Im Sinne eines besseren, vielleicht sogar höheren Entwicklungszustandes. Zukunftsagenten sind Träger der Hoffnung. Sie nehmen aktiven Anteil am Zukunftsprozess – als Denkende, Liebende, ökonomisch oder politisch Handelnde. Als Entwicklungshelfer dessen, **was sich entwickeln kann.**

Wahre Zukunftsagenten sind nicht naiv. Sie verfügen über ein ganz bestimmtes Sensorium für den Wandel. Sie wissen, dass das Positive nicht ohne das Negative – der Erfolg nicht ohne die Angst, der Fortschritt nicht ohne Scheitern – zu haben ist. Und dass gerade in Krisen der Keim kommender Komplexität liegt.

Gute Zukunftsagenten sind weder Optimisten noch Pessimisten, sondern **Possibilisten**. Sie sehen die Welt mit dem **Zukunftsblick**.

Diesen Blick kann man schärfen und trainieren. Darum geht es in diesem Buch.

Zukunftsforschung?

Was soll das denn, bitte?

Was macht eigentlich ein Zukunftsforscher? Ich kann schon gar nicht mehr zählen, wie oft ich das gefragt worden bin. Fast immer mit diesem leicht höhnischen, leicht ungläubigen Unterton.
Gegenfrage: Was macht eigentlich ein Pilot? Ein Arzt? Ein Bäcker? Auch das ist nicht so einfach zu beantworten, wie es scheint. „Fliegt" der Pilot? „Heilt" der Arzt? „Backt" der Bäcker (oder ist er in der modernen Großstadt nicht eher ein Verkäufer, der industrielle Backmischungen verbreitet)?

In diesem Buch möchte ich zeigen, dass Zukunftsforschung – **ganzheitliche Prognostik**, wie ich das nenne – ein **Handwerk** ist. Wie der echte Bäcker einen Ofen, der Arzt ein Stethoskop oder Labor, der Pilot seine Instrumente hat, verfügen Prognostiker über bestimmte **Tools**, mit denen sie **Wandel verstehen und darstellen**. Geistige, analytische, „mentale" Tools.
Dieses Buch soll Ihnen **aber auch** helfen, zu unterscheiden. Zwischen den spontanen, narrativen „Zukunftsforschungen", die heute an jeder Straßenecke billig zu haben sind – als billige Sensation einer kommenden Hyper-Technologie oder Fuchteln mit dem apokalyptischen Zeigefinger. Und einem geistigen Konzept, das sich auch darum Gedanken macht, was wir **erkennen** können, wenn wir „nach vorne" schauen.

Es geht um die Zukunft. Aber auch um das Denken des Denkens.

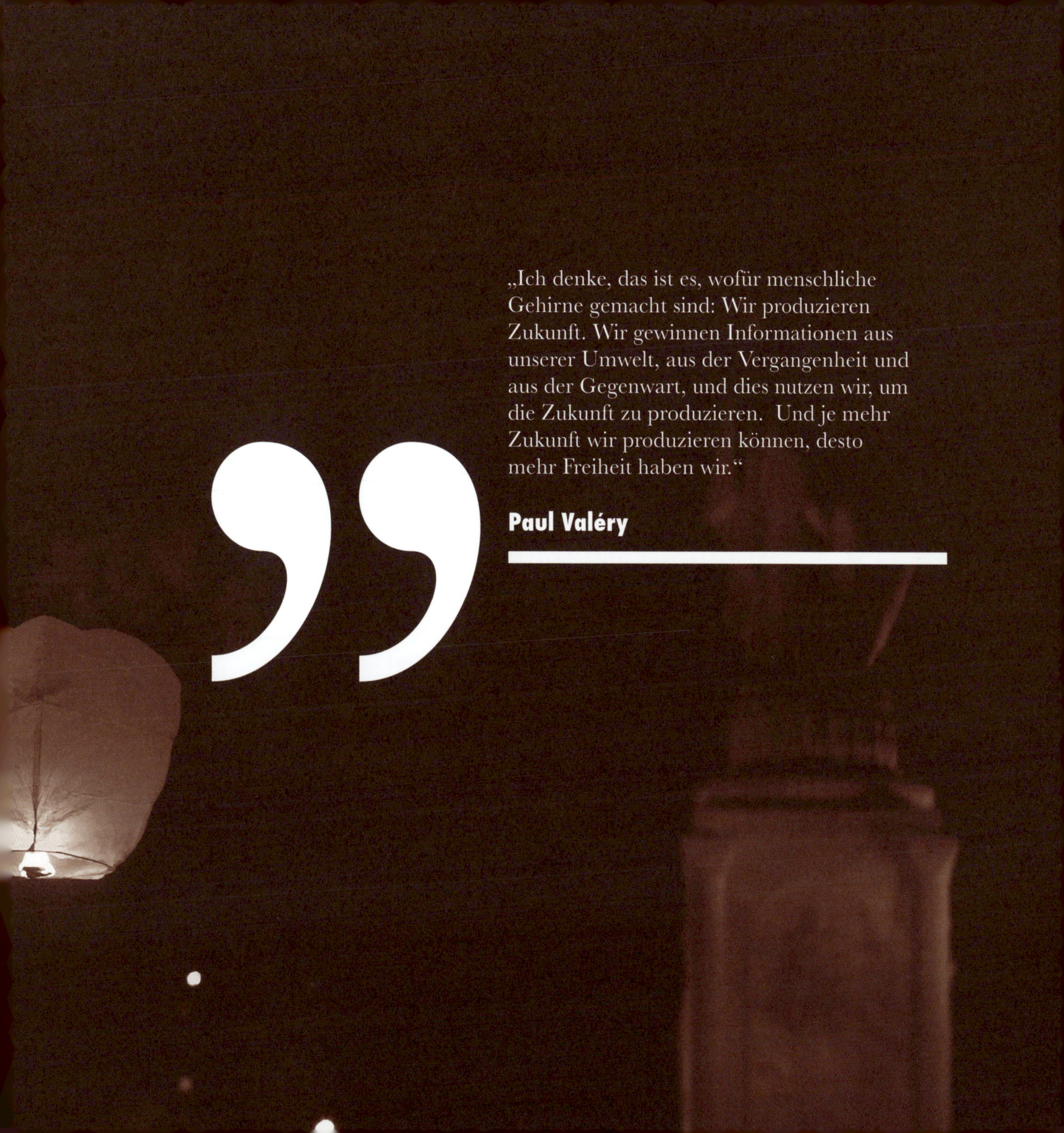

„Ich denke, das ist es, wofür menschliche Gehirne gemacht sind: Wir produzieren Zukunft. Wir gewinnen Informationen aus unserer Umwelt, aus der Vergangenheit und aus der Gegenwart, und dies nutzen wir, um die Zukunft zu produzieren. Und je mehr Zukunft wir produzieren können, desto mehr Freiheit haben wir."

Paul Valéry

EINE SEHR KURZE GESCHICHTE DER „FUTUROLOGIE“

> „Der wahrhaft siegreiche Futurist ist kein Prophet. Er besiegt nicht die Zukunft, sondern gewinnt die Gegenwart.“
>
> Bruce Sterling, Autor

TURN
TO CLEAR
VISION
QUARTERS ONLY

dergesetzt – wobei sich verschiedene Formen und „Semantiken“ entwickelten, die teilweise bis heute existieren – oder immer wieder eine Renaissance erleben. So hat Schamanismus, eine symbolische Weissagungsform der tribalen Kultur, derzeit wieder Konjunktur. Auch Utopisten und „Visionäre“ erleben ständig ein kulturelles Recycling. Religiöse und nichtreligiöse Formen überlagern sich ständig. Es ist die Frage, ob es überhaupt eine „nicht-mystische“ Zukunftsbetrachtung geben kann. Denn letzten Endes geht es immer um das eine: dem eigenen Schicksal einen Sinn, einen „frame“ zu geben.

ORAKEL

SCHAMANEN

PROPHETEN

VISIONÄRE
1290

Roger Bacon
Ein mittelalterlicher Mönch antizipiert Technik und Moderne

WEISSAGER

UTOPISTEN

PROGNOSTIKER
1900

H. G. Wells
Der erste „Zukunftsforscher" mit wissenschaftlichem Approach

1955

Ossip K. Flechtheim
Begründet die „Futurologie" als Zukunfts-Planungs-Wissenschaft

THINK TANKS

Oona Horx-Strathern: Die Visionäre: Eine kleine Geschichte der Zukunft; Signum Verlag, Wien, 2004

Angela Steinmüller, Karlheinz Steinmüller: Visionen. 1900, 2000, 2100: Eine Chronik der Zukunft; Rogner & Bernhard bei Zwe tausendeins, Leipzig, 1999

Das Delphi-Prinzip

Erkenne Dich selbst!

Gnothi seauton – Erkenne Dich selbst! – so stand es über dem Tor des Orakels von Delphi. Der zweite Wahlspruch des Orakels lautete: **Meden agan** – Nichts im Exzess!
Das Orakel von Delphi bildete fast 600 Jahre lang – vom 5. Jahrhundert v. Chr. bis in die frühe Römerzeit – eine Pilgerstätte für all jene, die die Zukunft suchten. Es war Teil einer blühenden „Orakel-Industrie", in der die Antike zum ersten Mal eine **institutionelle** Antwort auf Fragen der Zukunft suchte.

Von Anfang an hatte die Prognosekunst starke Anbindungen an die Philosophie! Dabei waren die Orakel weit mehr als nur religiöse Kultstätten, in denen mit viel Ritualmagie und seltsamen Dämpfen gearbeitet wurde, um den „Kunden" das Geld aus der Tasche zu ziehen. Sie waren Sitze einer weltlich-religiösen Priesterkaste, die das Wissen ihrer Epoche sammelte und verdichtete. Einflussreiche Personen im Zentrum des Orakels waren nicht selten „progressive" Staatsmänner und Politiker (zum Beispiel Perikles, der in Delphi für sein Ziel der hellenistischen Vereinigung wirkte). Die Orakel verfügten über das schnellste Informations- und Kommunikationsmittel der antiken Zeit – junge Läufer, die zwischen den Stadtstaaten hin- und herliefen und Informationen einholten.

Die zentrale Technik des Orakels von Delphi war die der **kognitiven Spiegelung**: Die Frage des Fragestellers wurde ihm in reflexiver Form zurückgegeben. Das ethische Ziel bestand im Erringen von Weisheit. **Erkenne Dich selbst**: Dass die Zukunft von **dir** und Deinen Entscheidungen geformt wird! Mit anderen Worten: **Orakel waren geistige Komplexitätsmaschinen!**

Myron Stagman: 100 Prophezeiungen vom Orakel in Delphi: Prophetischer Rat vom Gott Apollo; City State Press, Frankfurt, 2000

Wood, Michael: The Road to Delphi: The Life and Afterlife of Oracles; Farrar Straus Giroux, New York, 2003

„Kein Volk gibt es,
mag es noch so fein und gebildet,
noch so roh und unwissend sein,
das nicht der Ansicht wäre, die Zukunft
könne von gewissen Leuten erkannt
und vorhergesagt werden."

Cicero, Von der Weissagung

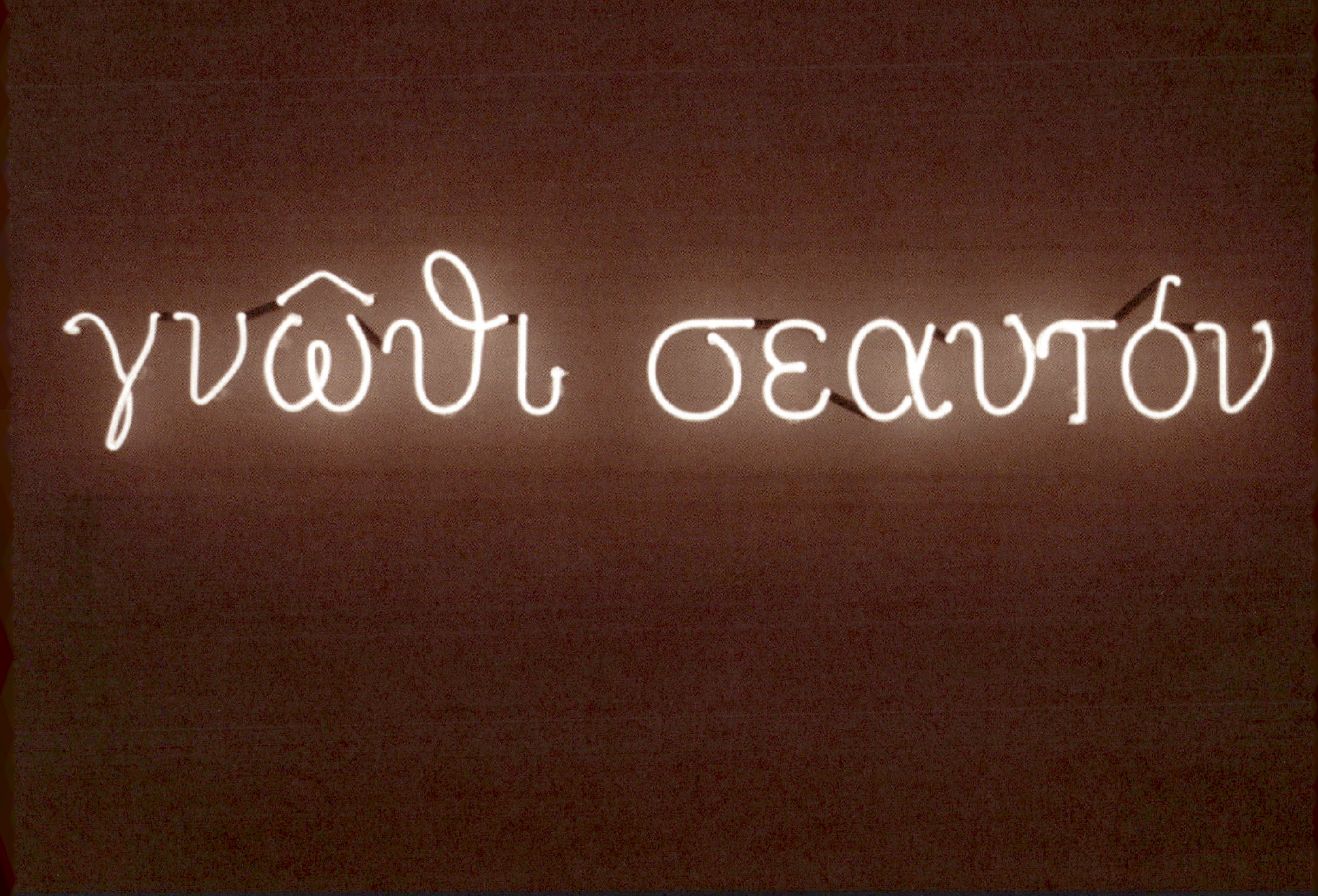

Die Geschichte der Think Tanks

Freaks, Spezialisten und Universalisten

Die ersten **interdisziplinären** Zukunfts-Think-Tanks entwickelten sich in der Nachkriegszeit, als der Kalte Krieg in einem atomaren Weltkrieg zu eskalieren drohte. Diese Institutionen versammelten Wissenschaftler unterschiedlicher Disziplinen, Physiker, Ökonomen, Kulturforscher, Mathematiker, Politikwissenschaftler, Künstler und Geisteswissenschaftler, zu einem grenzüberschreitenden Diskurs über „das Mögliche und das Wahrscheinliche". Sie zogen „Genies" an, wie den Physiker und Spieltheoretiker **John von Neumann** oder **Herman Kahn**. Ihm und Neumann wurde in Stanley Kubricks legendärem Film „Dr. Seltsam oder wie ich lernte, die Bombe zu lieben" ein Denkmal gesetzt.

Zeitzeugen beschreiben das Klima in den amerikanischen Think Tanks als „schrägen Mix aus olympischem Geist, Paranoia und Größenwahn". Man kombinierte Untersuchungen über parapsychologische Phänomene bei abessinischen Mönchen mit Streitstudien bei Paaren und Forschungen über Auktionssysteme bei Kunstversteigerungen. Das Rollen von Würfeln, das Mischen von Karten, die Form der Augenbrauen von Diktatoren – nichts war in diesem Laboratorium der übersteigerten Welterkenntnis unwichtig, nebensächlich oder zweitrangig.

Thomas Brandstifter u.a.: Think Tanks: Die Beratung der Gesellschaft; Diaphanes, Zürich/Berlin, 2010

Poundstone, William: Prisoner's Dilemma: John von Neumann, Game Theory and the Puzzle of the Bomb; Anchor Books, New York, 1993

Ghamari-Tabrizi, Sharon: The Worlds of Herman Kahn: The intuitive science of thermonuclear war; Harvard Univ. Press, 2005

Herman Kahn: Angriff auf die Zukunft: Die 70er und 80er Jahre. So werden wir leben; Molden, 1973

Eine Reportage über die Think Tanks des Kalten Krieges erschien 1950 in der TIME. In der Mitte der legendäre John von Neumann

Sportsman
Sportsman
PAT. PEND.

Die naive Zukunft

Die drei Standard-Einstellungen des Futurismus

In den Sechzigerjahren assoziierte sich der Zukunftsbegriff vollständig mit technologischem Fortschritt. „Zukunft", das war nun vor allem rasende Innovation, die alle menschlichen Verhältnisse umkrempelte:

Automatisierung: Die klassische Ikone für den ungebremsten Fortschritt ist der Roboter, der uns – demnächst, ganz gewiss – sämtliche Arbeit abnehmen und uns in ein Freizeitparadies versetzen wird. Oder – die Angst-Variante – alle arbeitslos machen wird…

Beschleunigungs-Paradigma: Die Abfolge der Erfindungen und Innovationen „beschleunigt sich unaufhörlich". Flugzeuge werden „immer schneller fliegen" und Autos „am Himmel einherrasen", wie es in den klassischen Science-Fiction-Entwürfen des frühen 20. Jahrhunderts heißt. Transzendentale Technologien – Weltraumfahrt, Unsterblichkeit, das Ende aller Krankheiten – „stehen unmittelbar vor der Tür".

Naturdistanz: Zukunft besteht vor allem in der Entkopplung des Menschen von natürlichen Prozessen. **Plastik** war deshalb in den 60er Jahren ein regelrechtes Kult-Material, alles Artifizielle – etwa Pillennahrung – wurde als „zukünftig" angesehen.

Diese Zukunfts-Paradigmen prägen bis heute unsere Bilder des Morgen. Allerdings haben sich seit der heißen Phase des technischen Fortschritts vor einem halben Jahrhundert auch einige alternative Denkschulen herausgebildet.

Herman Kahn, Anthony Wiener: Ihr werdet es erleben: Voraussagen der Wissenschaft bis zum Jahre 2000; Molden, 1968

Alvin Toffler: Zukunfts-Schock; Scherz, 1970

Die futurologische Spaltung

Vier Denkschulen der heutigen Prognostik

1975 veröffentlichte der **Club of Rome** seine Szenarien einer katastrophischen Erdzukunft. Diese Veröffentlichung führte zu einem Paradigmenwechsel: Nun standen die Gefahren der industriellen Entwicklung im Vordergrund der Zukunftsdebatte. Eine ganze **Warner- und Mahner**-Industrie entstand. Das Paradigma des **Weltrettens** dominierte nun den Zukunftsdiskurs.

1981 veröffentlichte John Naisbitt seinen Weltbestseller **Megatrends**. Er eröffnete die Zukunftsdebatte neu im Sinne einer allgemeinen ökonomischen „Entfaltungs"-Logik: Kulturen und Volkswirtschaften entwickeln sich nach „Meta-Gesetzen" immer weiter entlang der Globalisierung.

1993 trat **Faith Popcorn** mit einem neuen Ansatz von **Gegenwartswandel-Analyse** auf den Markt der Prognostik. Sie analysierte den sozialen Wandel als „kulturellen Shift", der sich vor allem im **Konsum**-Verhalten ausdrücke. Und begründete die **Trendforschung** als eigene Disziplin, die sich stark auf kurz- und mittelfristige Dimensionen sozialen Wandels ausrichtet.

So kristallisierten sich vier Stränge des Zukunftsdenkens heraus:

Robert Jungk

Doomsayer & Weltretter
die vor allem vor der negativen Zukunft warnten und ihre Grundhaltungen aus dem *negativen Ökologismus* bezogen.

1975
Club of Rome
Prognosen als Weltuntergangs-Beschreibungen

Technologische Utopisten
die nach wie vor den technisch-transzendentalen Zukunfts-Utopismus vertraten und sich um die Jahrhundertwende auf Internet- und Cyberspace-Themen bezogen.

1981
John Naisbitt
„Megatrends" und „Megatrends 2000"

1993
Faith Popcorn
Begründerin der soziologischen (Markt-)Trendforschung

Trend-Marketeers
die die Zukunft aus der Konsum- und Soziokultur der Gegenwart heraus interpretierten.

Zukunfts-Ökonomisten
die die Zukunft aus den großen Wirtschaftsprozessen heraus erklärten.

Und heute?

Fraktaler Futurismus!

Seit den 1960er Jahren hat die „Futurologie" also mehrere Schleifen und Wendungen durchlaufen – und sich dabei in mehrere Fraktionen und Denkweisen zerlegt. Heute beziehen sich die einzelnen Schulen und Paradigmen kaum noch aufeinander. Die prognostische Szene ist gespalten in **Glaubens-** oder **Aufmerksamkeits-Felder**, die sich an vier grundlegenden Achsen orientieren. Im Schaubild rechts lassen sich die ungefähren Verortungen von bekannten „Futuristen" ersehen.

Auffällig ist, dass es sich bei der Prognostik nach wie vor um eine „Prominenten-Veranstaltung" zu handeln scheint. Einzelkämpfer beherrschen die Szene. Institutionen der Zukunfts- oder Trendforschung sind meist klein und unbedeutend geblieben. Zukunftsdenken scheint zudem nach wie vor eine **männliche** Domäne darzustellen – Frauen sind in extremer Minderheit.

In der Öffentlichkeit spielen Zukunfts-Prognostiker heute nur dann eine Rolle, wenn sie möglichst **markante** und **extreme** Meinungen vertreten. Ray Kurzweil ist mit seiner extremen **Singularitäts-Theorie** berühmt geworden, einer Art religiöser Erlösungsvision durch Technologie. Jeremy Rifkin macht mit seiner revolutionären Null-Grenzkosten-Ökonomie Furore. Michio Kaku hat den Platz des futuristischen Märchenonkels eingenommen. Hier wird deutlich, dass es heute vor allem **mediale Nachfragen** sind, die den Markt der Zukunftsvision prägen – weniger gesellschaftliche Diskurse oder schlüssige Theorien, sondern **Storys, die uns aufregen.**

UTOPISTISCH
Jeremy Rifkin
Ray Kurzweil
John Naisbitt
Michio Kaku
Peter Drucker
Kevin Kelly
Faith Popcorn
ÖKONOMISCH
TECHNISCH
Nicholas Negroponte
Alvin Toffler
Charles Handy
Peter Schwartz
Robert Jungk
Evgeny Morozov
Paul Ehrlich
DYSTOPISCH

WAS MAN VORAUSSEHEN KANN

GRUNDLAGEN DER SYSTEMISCHEN PROGNOSTIK

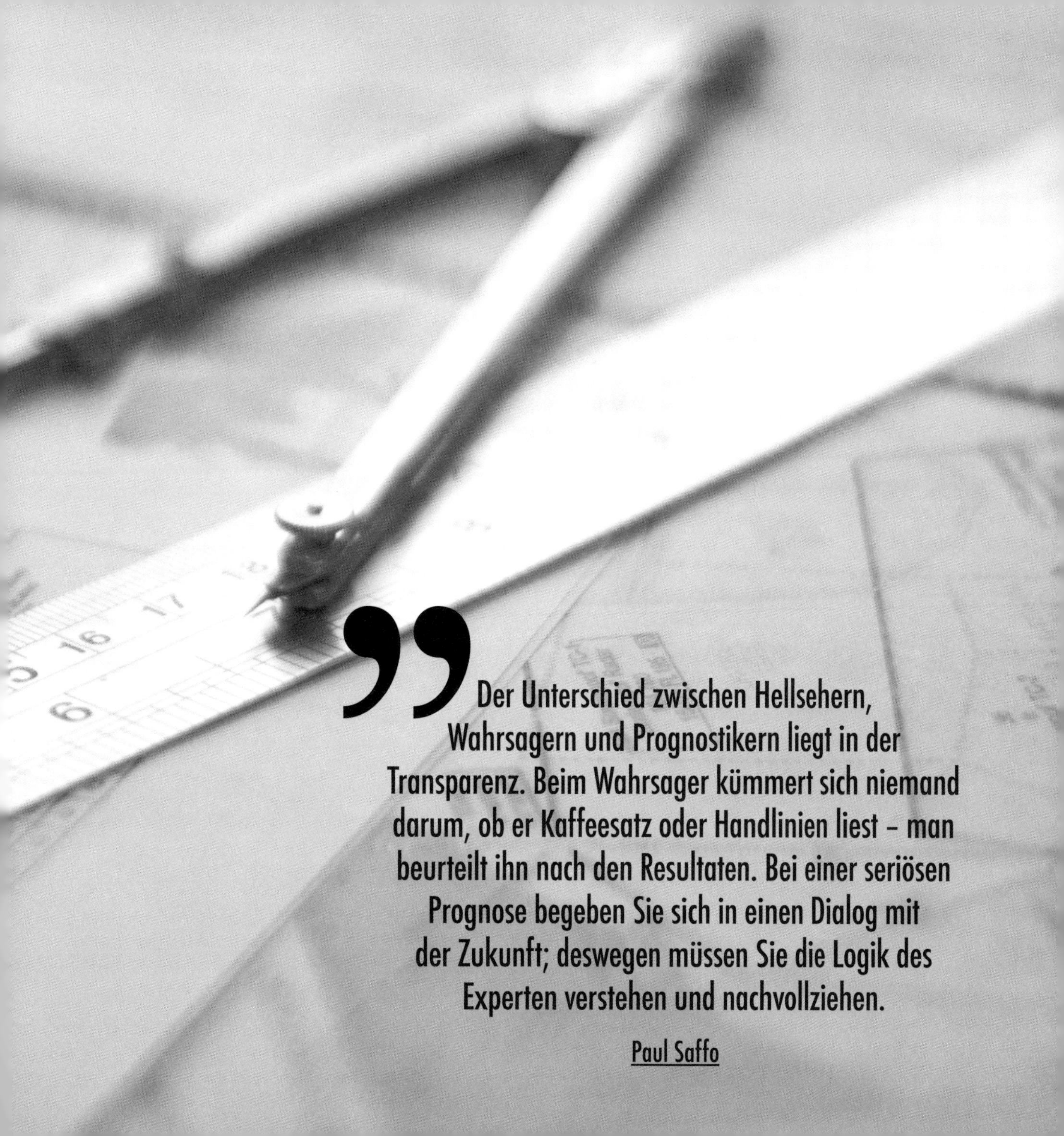

> „Der Unterschied zwischen Hellsehern, Wahrsagern und Prognostikern liegt in der Transparenz. Beim Wahrsager kümmert sich niemand darum, ob er Kaffeesatz oder Handlinien liest – man beurteilt ihn nach den Resultaten. Bei einer seriösen Prognose begeben Sie sich in einen Dialog mit der Zukunft; deswegen müssen Sie die Logik des Experten verstehen und nachvollziehen.

Paul Saffo

Der Zukunfts-Trichter

Die Zukunft ist ungewiss, aber nicht unbestimmbar

Das, was wir „Zukunft" nennen, lässt sich als **Trichter** darstellen. Begrenzt durch die Gesetze der Naturwissenschaften, entsteht entlang der Zeitachse eine steigende Anzahl von Möglichkeiten. **Die Kontingenz steigt mit dem Verlauf der Zeit.**

In diesem Kontingenzraum wäre *nichts* prognostizierbar – wenn alles auf reinem Zufall basierte. Aber die Welt ist keine reine Würfelmaschine. Der Trichter wird durchzogen von **Kausalitäts-** und **Wahrscheinlichkeits-Bündeln.** Diese „Strings of Probability" kann man auch **Trends** nennen. Beschreibbar sind diese Phänomene auch als:

- **Zyklen**, in denen bestimmte Systeme schwingen.
- **Megatrends**: Entwicklungspfade mit höherer Wahrscheinlichkeit, „mächtige Pfadbildungen".
- **Events**: Ereignisse können die Richtung von Entwicklungen ändern (Kontinuitäten stören). Dann handelt es sich um **disruptive** Events. Sie können bestimmte **Szenarien** verursachen, die wiederum zu kaskadenartigen **Folge-Szenarien** führen. **Extreme Events** (**X-Events**) sind katastrophische oder hyper-innovative Ereignisse, die unter Umständen sogar die Grenzlinien des Raum-Zeit-Kontinuums verschieben können. So würde etwa die Entdeckung/Erfindung von Quantentechnologie oder Überlichtgeschwindigkeit die heutigen Naturgesetze relativieren. Wenn es gelänge, Künstliche Intelligenzen zu erzeugen, würde dies langfristig den biologischen Kegel beeinflussen.

John Casti. X-Events: The Collapse of everything; William Morrow, 2012

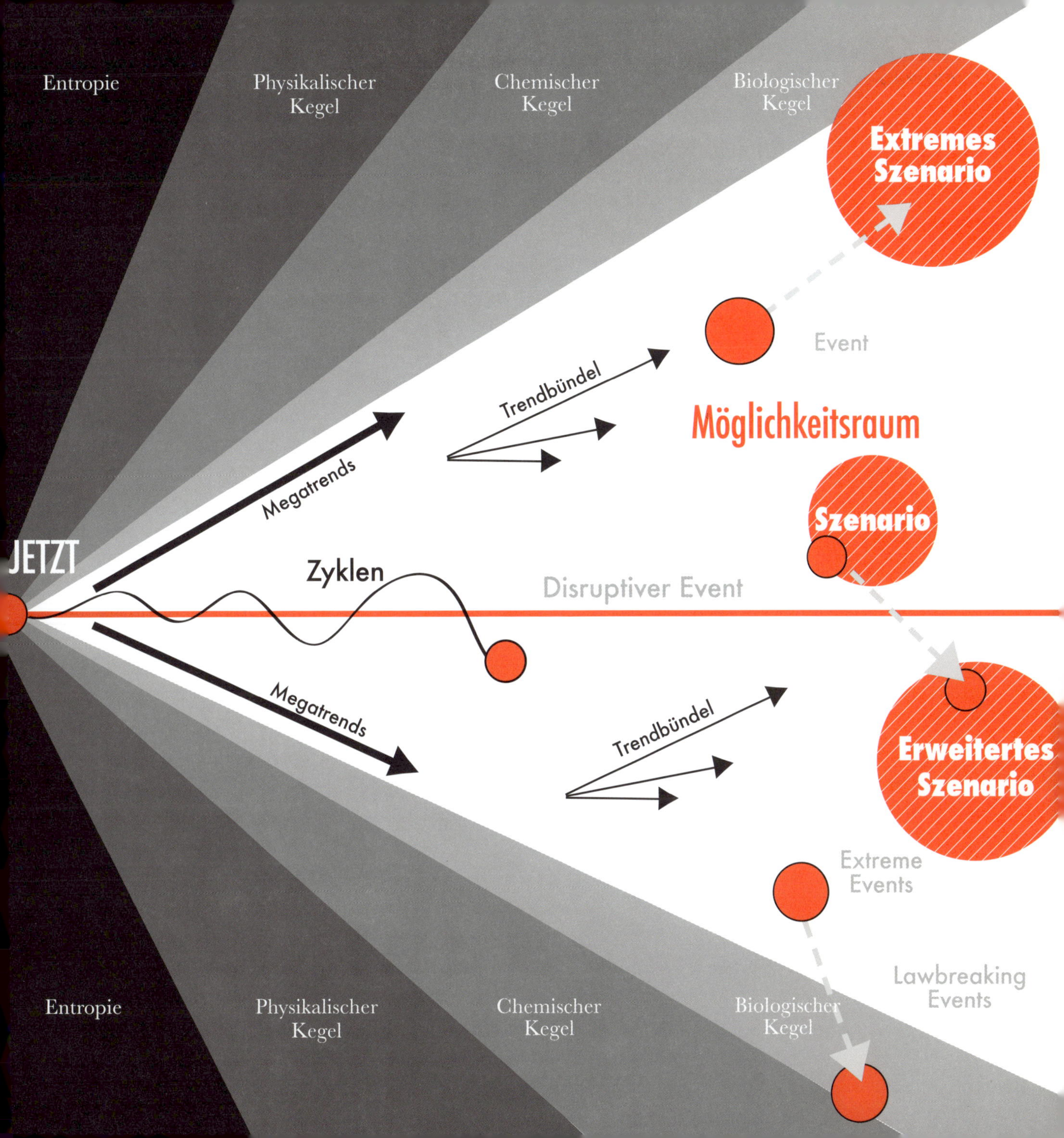
Entropie
Physikalischer Kegel
Chemischer Kegel
Biologischer Kegel
Extremes Szenario
Event
Trendbündel
Möglichkeitsraum
Megatrends
Szenario
JETZT
Zyklen
Disruptiver Event
Megatrends
Trendbündel
Erweitertes Szenario
Extreme Events
Lawbreaking Events
Entropie
Physikalischer Kegel
Chemischer Kegel
Biologischer Kegel

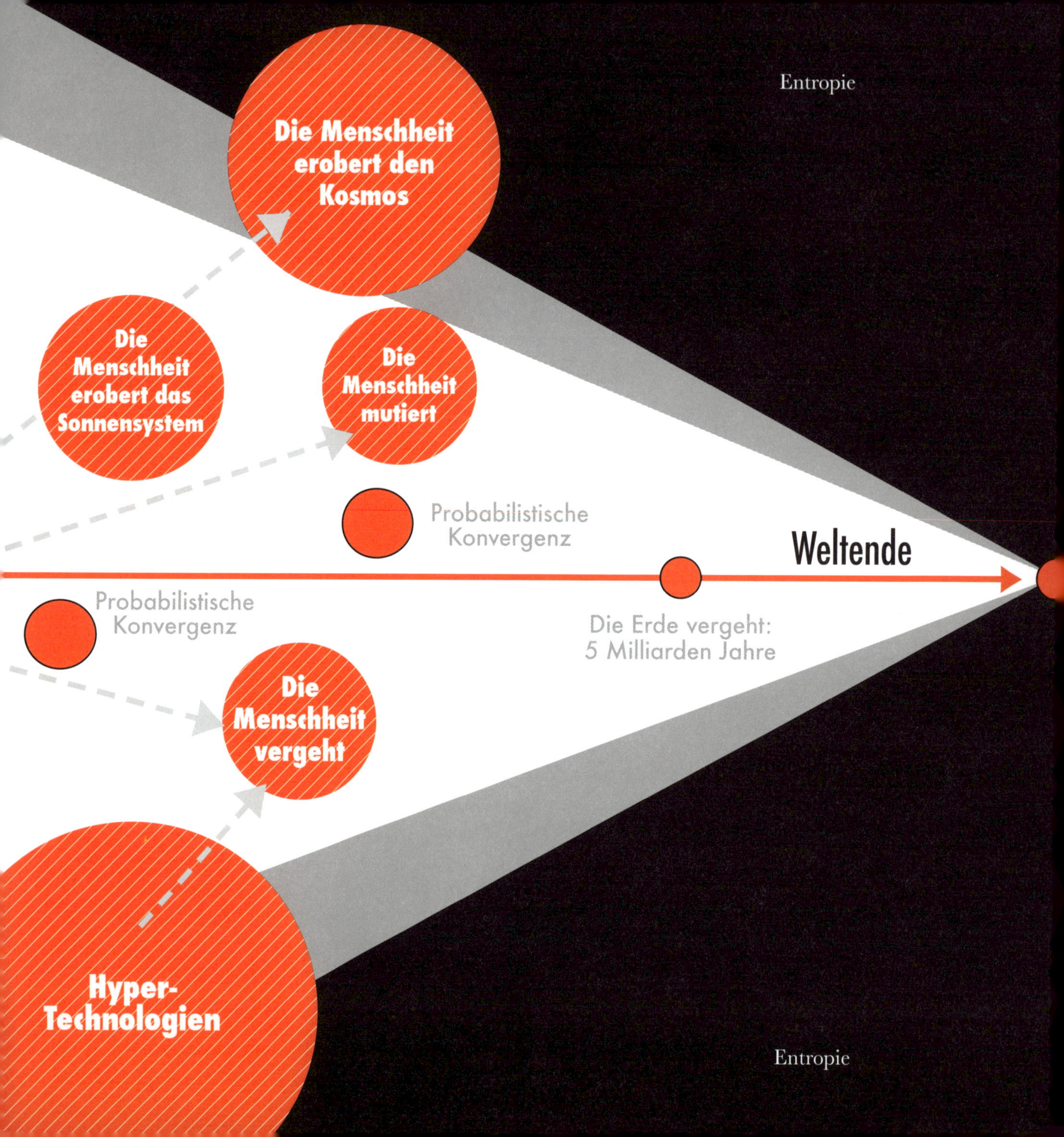
Entropie
Die Menschheit erobert den Kosmos
Die Menschheit erobert das Sonnensystem
Die Menschheit mutiert
Probabilistische Konvergenz
Weltende
Probabilistische Konvergenz
Die Erde vergeht: 5 Milliarden Jahre
Die Menschheit vergeht
Hyper-Technologien
Entropie

Warum ferne Zukünfte leichter vorauszusagen sind

Das Schließen des Trichters

Erstaunlicherweise lassen sich **sehr** langfristige Zukünfte oft **leichter** voraus-/vorhersagen als mittelfristige oder sogar kurzfristige. Denn der Zeitverlauf führt zur **Akkumulation** von Wahrscheinlichkeiten!
Die Wahrscheinlichkeit großer Extinktions-Meteoriteneinschläge auf der Erde ist in den nächsten zehn, hundert oder tausend Jahren relativ gering. Im Verlauf von einer Million Jahren sind solche Einschläge aber **hochwahrscheinlich**! Im selben Zeitraum wird die Technik starke Fortschritte machen, so dass ein „Impact" womöglich verhindert werden kann. Hier gleichen sich Wahrscheinlichkeiten aus, es kommt zur **probabilistischen Konvergenz**.

In fünf Milliarden Jahren wird die Erde ihren Brennstoffvorrat verbraucht haben und sich zu einem roten Riesen ausdehnen. In der Zwischenzeit steigen die Wahrscheinlichkeiten, dass:

- die Menschheit das Sonnensystem erobert.
- die Menschheit ausstirbt – etwa durch Hypertechnologien, die aus dem Ruder geraten.
- die Menschheit in eine oder mehrere andere Spezies mutiert.
- die Menschheit den Kosmos erobert.

Im langen Zeithorizont werden also Unwahrscheinlichkeiten wahrscheinlicher.

Daten und Prognosen

Das Dreieck der neuen Prognostik

Daten sind die Basis jeder Prognose. Aber Daten zeigen nicht die Wirklichkeit von Systemen. Sie lassen lediglich Rückschlüsse über **Verläufe im Nachhinein** zu. Mit Hilfe von **Big Data** steigen die Möglichkeiten, ein System schneller „auszulesen“. Das ist nützlich für tausend Bereiche des menschlichen Lebens, in denen **Prognosen** wichtig sind: Für die Planung von Städten. Für die Taktikentwicklung bei Fußballspielen. Für Kriminalitätsbekämpfung, Gesundheitspolitik oder Krisenmanagement.

Die neuen Möglichkeiten des Internets und der Datenerfassung führen neben **großen** Datenmengen auch dazu, **„lange“** Datenmengen zu generieren. Das heißt, **Prozesse in ihrem Verlauf en detail abzubilden.**

LONG DATA

In der Kombination von **Big Data** und **Long Data** lassen sich **prognostische** Modelle besser überprüfen. Aber **ohne gutes Modell** sind Daten nur Schall und Rauch. Auf den kommenden Seiten möchte ich einige Beispiele dafür zeigen.

BETTER MODELS

Unterschiedliche Prozesse oder Ereignisse lassen sich unterschiedlich prognostizieren.

WAS LÄSST SICH BESSER VORAUSSEHEN?

A DER KOMMENDE FUSSBALL-WELTMEISTER

B DAS WETTER IN VIER WOCHEN

C DIE DAUER IHRER EHE/BEZIEHUNG

D IHR PERSÖNLICHES TODESDATUM

E DER AUSGANG VON KRISEN UND KRIEGEN

F DIE BÖRSENKURSE

G DIE WELTBEVÖLKERUNGSZAHL 2100

Die Ehe-Prognostiker
Wie lange dauert Ihre Beziehung?

Ein Raum in einem Büroblock in Seattle, Nordamerika. Ein beiges Ledersofa, eine Halogen-Stehlampe im Baumarkt-Stil. Ein Fernseher, dessen Bildschirm immer dunkel bleibt. In der Mitte ein Tisch mit zwei Mikrofonen und zwei Stühlen. Das Arrangement erinnert an ein Wohnzimmer in einem x-beliebigen Appartementblock in einem Randgebiet einer mittelgroßen Stadt. Vielleicht ein Wartezimmer eines mittelmäßigen Krankenhauses. An den Stühlen sind Kabel angebracht und Bewegungssensoren, die die genauen Körperbewegungen der Sitzenden messen. In den Regalen und Zimmerpflanzen sieht man die schwarzen Augen von kleinen Webcams. Das „Love Lab" des *Relationship Research Institute*: In dieser Umgebung studiert eines der berühmtesten Wissenschaftspaare Amerikas die Gesetze der Beziehungen, der Liebe und der Ehe.

John Gottman und seine Frau Julie Schwartz-Gottman. Die Verhaltenspsychologen beschäftigen sich seit 25 Jahren mit der Zukunft von Ehen. Sie haben ein System entwickelt, **das zu 85 bis 90 Prozent voraussagen kann, ob Ihre Ehe – oder Partnerschaft – in fünf Jahren noch existiert.** Alles, was dazu nötig ist, ist ein halbstündiges Gespräch zwischen den Partnern. Über die Ferien. Die letzte Party. Die Studienwünsche des Sohnes. Oder den Hund.

John Gottman/Nan Silver. Die Vermessung der Liebe: Vertrauen und Betrug in Paarbeziehungen; Klett-Cotta, München, 2015

J. M. Gottman. Predicting the longitudinal course of marriages; Journal of Marital and Family Therapy, 17(1), 3-7, 1991

John Gottman und Julie Schwartz-Gottman

Die Konsistenz der Liebe

Bindung als Punktesystem

Danach sieht sich das Gottman-Team die Video- und Tonaufzeichnungen des Gesprächs auf einer Monitorwand an. Und analysiert die Interaktion nach dem sogenannten **SPAFF-System**. Sekundengenau werden die Affekte/Emotionen auf den Gesichtern, in der Stimme oder den Körperhaltungen der Kombattanten gemessen.

Besonders wichtig für die Prognose haben sich laut Gottman die „Vier apokalyptischen Reiter der Liebe" erwiesen:

- **Kritizismus:** Generalisierte, klischeehafte Negativbewertungen des Charakters des Partners, die als Anlass zu emotionalem Rückzug genommen werden.
- **Verteidigungshaltung:** Selbstschutz in Form von matter Empörung mit Beleidigtsein-Aspekt.
- **„Steinerne Wand"** oder **Blockade**: Das „Stonewalling" reagiert auf Gefühle des Gegenübers mit Kälte und Ignoranz.
- **Verachtung**: Der tödlichste Affekt besteht in einer Abwertung des Partners aus einer Attitüde der Überlegenheit heraus. Ein typisches Anzeichen dafür – überdeutlich sichtbar in den Kameramitschnitten – ist das **Augenverdrehen**: *Du wirst es nie lernen!* Auch Formulierungen wie *Denk doch mal drüber nach!* oder *Wenn du das nicht verstehst!* weisen auf Verachtung hin. Verachtung ist die Endstation der Liebe, sie ist nicht rückholbar und kaum „heilbar".

John M. Gottman u.a. The Mathematics of Marriage: Dynamic Nonlinear Models; MIT Press, London, 2005

VERACHTUNG -4

EKEL -3

STREITLUST -2

LEICHTES DOMINIEREN -1

STARKES DOMINIEREN -1

KRITISIEREN -2

ÄRGER -1

SPANNUNG 0

SPANNUNG MIT HUMOR +2

VERTEIDIGUNGSHALTUNG -2

JAMMERN -1

TRAURIGKEIT -1

BLOCKADE (STONEWALLING) -2

INTERESSE +2

GERINGE WERTSCHÄTZUNG -4

HOHE WERTSCHÄTZUNG +4

ZUNEIGUNG +4

HUMOR +4

ÜBERRASCHUNG/FREUDE +4

Die Ehe-Zukunfts-Formel

Liebes-Resonanz errechnen

Hier die Formel, nach der die finale Prognose erfolgt. Sie handelt von der **Kohärenz** des Paares, seiner inneren Bindungskraft oder „Resonanz“:

- Wie weit reagieren beide aufeinander?
- Wie weit kann sich ein Paar gegenseitig beruhigen?
- Wie wichtig sind die Gefühle des anderen?

„Glückliche Paare“, sagt Gottman, „sind in der Lage, die negativen Gefühle in der Beziehung auszudrücken, auszuhalten, negative Gefühle zu dämpfen und emotionale Schäden zu reparieren (dampening and repair). Das, und nur das, unterscheidet sie von den instabilen Paaren, die an ihren Gefühlen verrückt werden.“

Ehen sind **deshalb** relativ gut prognostizierbar, weil sie **(teil-)autonome Systeme** sind. Jedes Paar lebt in einer sozialen Blase, in der die gegenseitigen Gefühle eine entscheidende Rolle spielen – auch wenn es zusätzliche Freundes- und Verwandtschaftsbeziehungen gibt. Die Aktionen und Gesetze in dieser Blase sind beschreib- und prognostizierbar, weil sie über starke **Rückkopplungen** verfügen.

Erste Prognoseregel: Je autonomer und **rückvernetzter** Systeme sind, desto leichter lassen sie sich prognostizieren.

A constant representing the wife's state of mind when she is not with her husband

Influence function: A measure of the influence that a husband's remarks have on his wife

How the wife has reacted to her husband's conversation

TIME

$$W(T+1)=A+R1*W(T)+IHW(H(T))$$

WIFE

HUSBAND

The husbands score during their test-conversation

Represents how easy it is for him to change her state of mind when she is in conversation with her husband

PLOS Medicine: Biomarker Profiling by Nuclear Magnetic Resonance Spectroscopy for the Prediction of All-Cause Mortality: An Observational Study of 17,345 Persons.

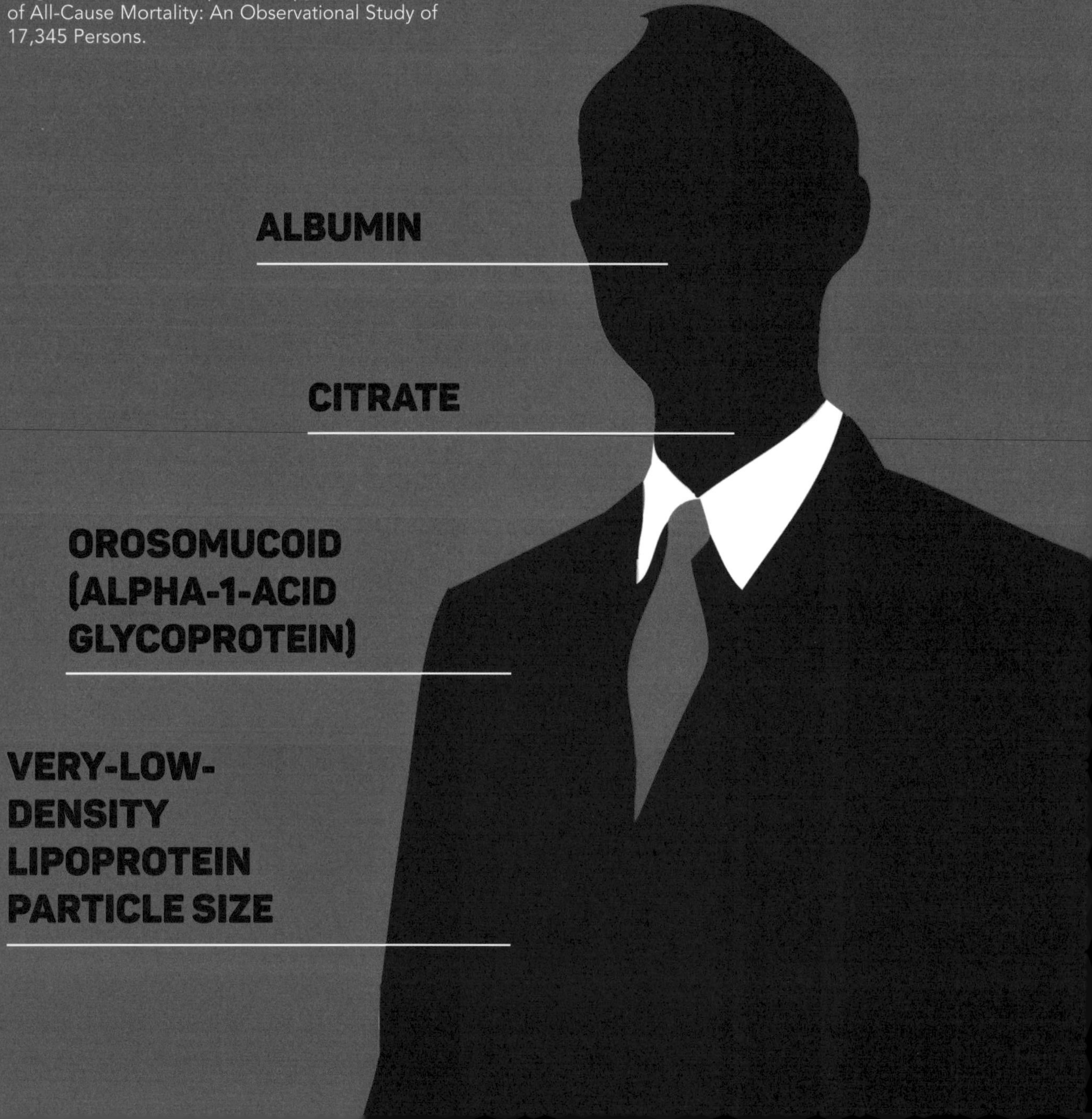

Die Todes-Prognose

Wollen Sie es wirklich wissen?

» Die zweifellos größte Gnade, die uns die Vorsehung gewährt, ist die Unkenntnis über unsere Zukunft. Stellen wir uns nur einmal vor, wir wüssten, was aus unseren Hoffnungen und Plänen wird, oder wir könnten voraussehen, auf welche Weise wir dereinst sterben – unser Leben wäre ruiniert!... Nichts bleibt außer den Worten! «

Robert Harris, Titan

Stellen wir uns einmal vor, es wäre möglich, **Ihren Todeszeitpunkt** zu bestimmen. Sagen wir: **Ihr persönliches Todesjahr.**

Zunächst messen wir durch bestimmte **Marker** die Wahrscheinlichkeit für ein **Event**: einen Herzinfarkt oder Hirnschlag. Dazu Anzeichen für Diabetes oder andere chronische Krankheiten, die die Lebenszeit verkürzen können. Dafür sind verschiedene Substanzen in Ihrem Blut „Wahrscheinlichkeitsmoleküle". Wir messen Citrate, Albumin und Lipoproteine.

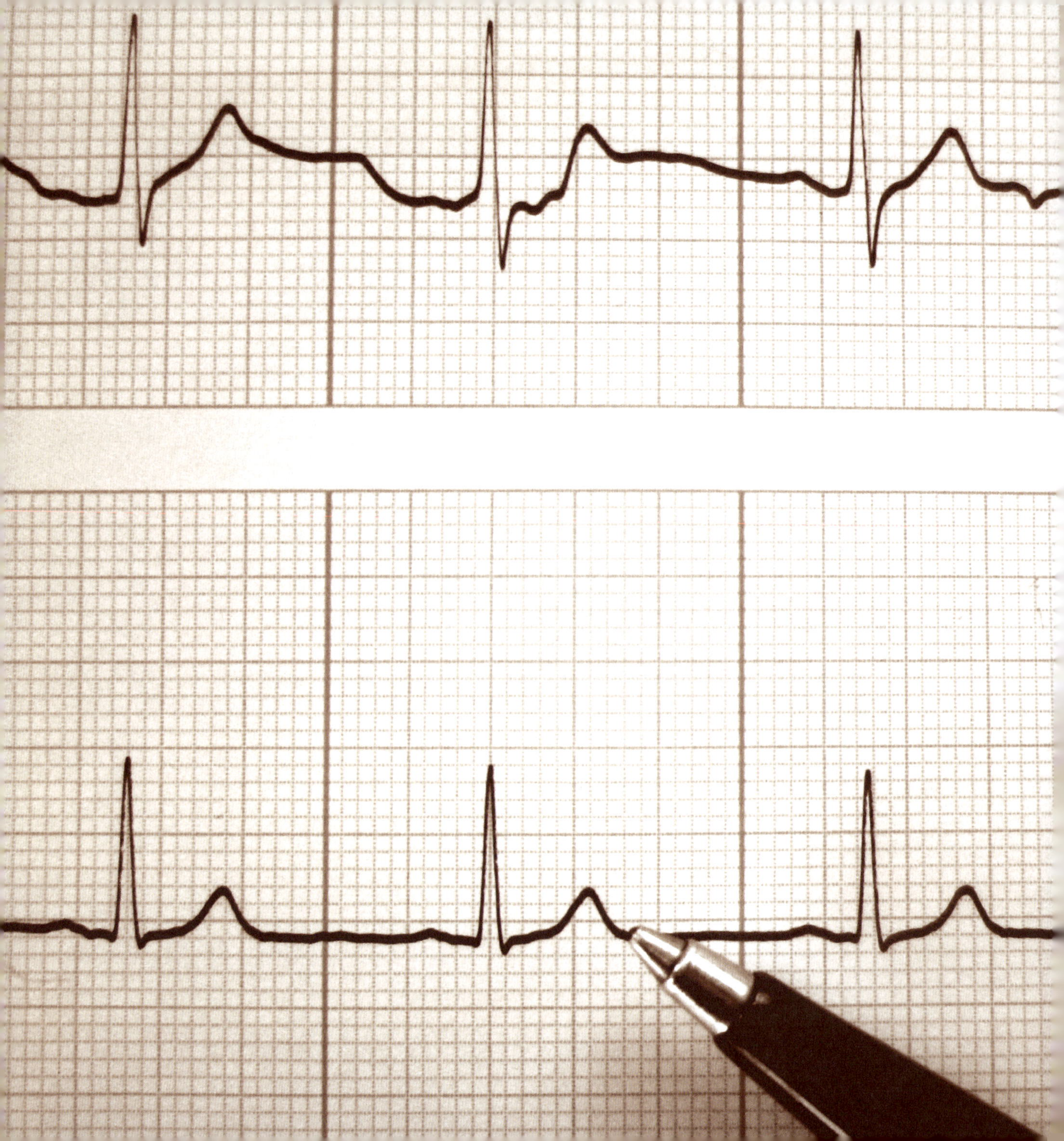

Das gesund-chaotische Herz

Irreguläre Zukunftsfähigkeit

„Wird das Herz so regelmäßig
wie das Klopfen eines Spechtes oder das
Tröpfeln des Regens auf dem Dach,
wird der Patient innerhalb
von vier Tagen sterben."

Chinesische Medizin-Weisheit

Die Abstände zwischen Ihren Herzschlägen folgen einer chaotischen, aber analysierbaren Mathematik. Wir können niemals **exakt** vorhersagen, wann genau der nächste Herzschlag erfolgen wird. Je „chaotischer" Ihr Herz schlägt – im Rahmen einer bestimmten Bandbreite –, desto größer ist Ihre **vitale Gesundheit**, Ihre „Lebensenergie". Diese **Herzfrequenzvariabilität** (Heart Rate Variability, HRV) ist in der Naturheilkunde die Grundlage der Pulsdiagnose. Sie misst die Entspanntheit, „Vernetztheit" *und* Adaptivität Ihres Organismus, und damit ist sie in hohem Maße für Ihre Lebenserwartung signifikant. Unter Dauerstress verringert sich diese Variabilität, der Puls erhöht sich dauerhaft und wird gleichförmiger. Je mehr Sie sich dem Tod nähern, desto gleichförmiger wird der Puls.

Werner Wittling. Herzschlagvariabilität: Frühwarnsystem, Stress- und Fitnessindikator; Eichsfeld Verlag, Heiligenstadt, 2012

Statistik und Wahrscheinlichkeit

Wie lange leben Sie noch?

Wolfgang Fengler verfügt über die dritte Kategorie für die Berechnung Ihres Todeszeitpunktes: **Big Data**. Auf seiner Website *Population.io* können Sie Alter, Geschlecht und Lebensort eingeben, und Sie bekommen eine statistisch gemittelte Lebenserwartungs-Prognose. *Population.io* lässt sogar einen Vermerk im Kalender zu: *Ab hier keine Termine mehr!* Aber das System bleibt natürlich reine Statistik – keine genaue Prognose.

Wenn Sie jedoch alle drei Faktoren (Blutanalyse, HRV und statistisches Mittel) korrelieren und dazu noch Ihre **Familiengeschichte** analysieren (vielleicht sogar Ihre DNA auf Risiken analysieren lassen), können Sie Ihr **Todesjahr** mit einer relativ geringen statistischen Abweichung prognostizieren.

Allerdings ist das Datum etwas unzuverlässiger als die Eheprognose der Gottmans. Eine missratene Ehe lässt sich sehr schwer korrigieren. Ihr **Gesundheitsverhalten** aber ist flexibel. Sie *können* sich von nun an gesünder ernähren, mehr bewegen und sozial vernetzen, **Yoga** machen und sich entspannen. Und dann schlagen Sie den Prognostikern und dem Tod ein Schnippchen.

Zweite Prognoseregel: Systeme mit **Verhaltensrekursionen** sind nur **konditional** („unter Bedingungen") prognostizierbar.

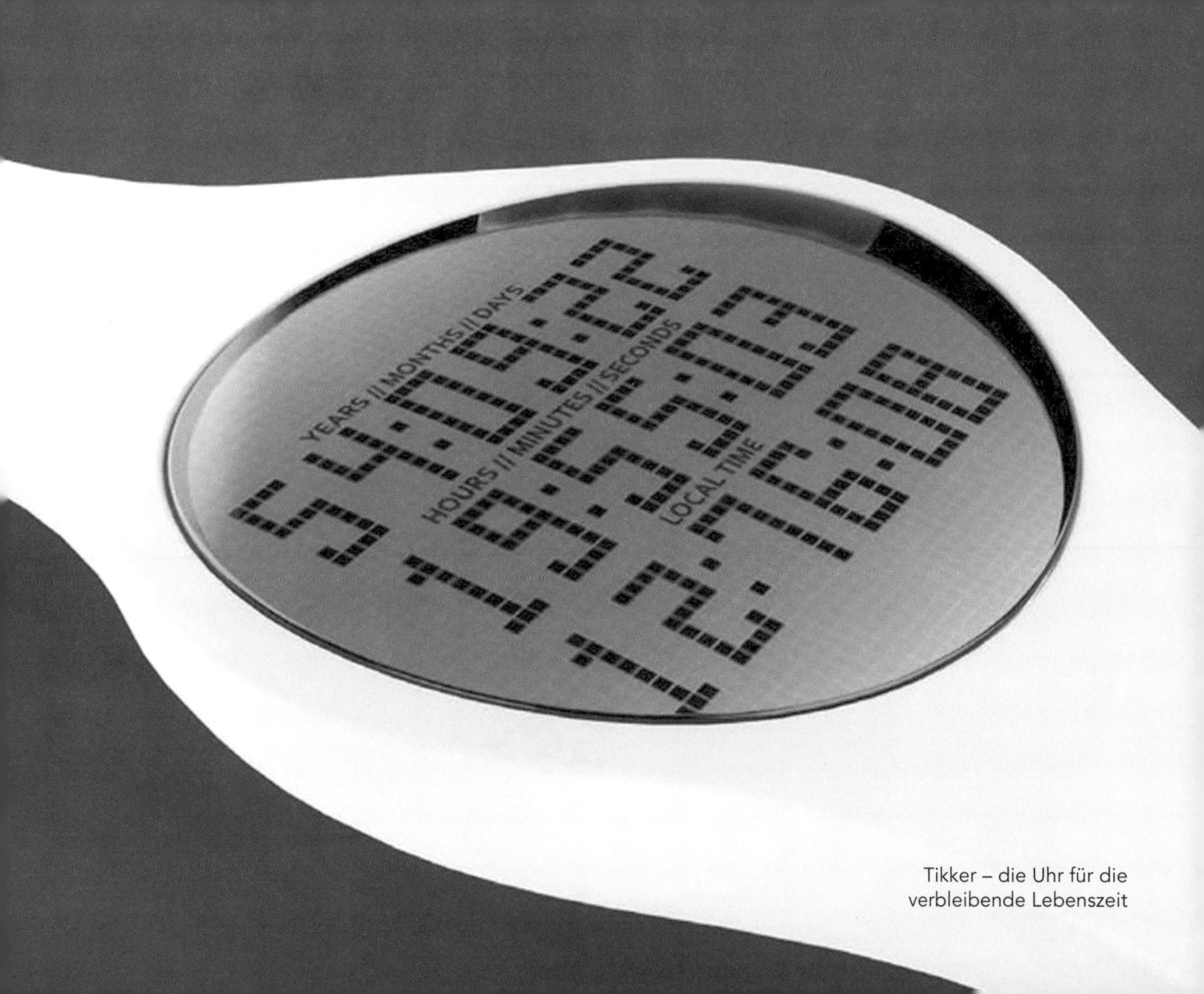

Tikker – die Uhr für die verbleibende Lebenszeit

Die Zukunft der Kriege & Konflikte

Spieltheorie in der Anwendung

In seinem Buch „The Predictioneers Game" beschreibt Bueno des Mesquita die Methode, mit der er die Wahrscheinlichkeiten der Ausgänge von Konflikten, Krisen und Kriegen berechnet. Mesquitas Erfolgsquote ist beeindruckend. Unter anderem sah er das Scheitern der Klimakonferenz von Kopenhagen richtig voraus, die politische Zukunft Hongkongs und den Verlauf der iranisch-amerikanischen Atomverhandlungen. Mesquitas Methode geht auf die klassische Spieltheorie der 60er Jahre zurück (Hermann Kahn, von Neumann, John Nash u.a.). Er hat ein spieltheoretisches Computersystem entwickelt, in das er die Ergebnisse seiner Analysen eingibt:

1. Systemische Analyse: Bestimmung **aller** handelnden Personen, Interessen und Beziehungen in einem Konflikt.

2. Macht-Validierung: Bestimmung der Rolle und Wichtigkeit der einzelnen Akteure. Wie weit sind sie fähig und in der Lage, zu gehen? Wie balancieren sich die Machtstrukturen innerhalb der verschiedenen Interessengruppen?

3. Antizipieren möglicher Allianzen oder Konfliktausgänge „durchrechnen" verschiedenster Optionen in Bezug auf die höchste Wahrscheinlichkeit.

Konflikte und Krisen können in der Tat von Zufällen abhängig sein, aber, so Mesquita, diese Zufälle rechnen sich auf Dauer heraus, und sie werden in einer zunehmend vernetzten Welt, in der Informationen weitaus verfügbarer sind, auch seltener.

Bueno De Mesquita. The Predictioneers Game: Using the Logic of Brazen Self-Interest to See and Shape the Future; Random House Trade Paperbacks, 2010

Und wie war das mit dem Fußball?

Der Guru der Prognose-Mathematik

Nate Silver gilt als Shootingstar der mathematischen Prognose-Szene. Er sagte mit statistischen Methoden und **Big Data** das Ergebnis der letzten US-Präsidentenwahl exakt voraus. Seine Spezialität sind auch Sportergebnisse und Poker-Resultate. In seinem Bestseller „The Signal and the Noise" (2012) erklärt er, wie man aus dem Rauschen der Daten die richtigen Signale extrapolieren kann. Silver arbeitet mit bewährten probabilistischen (Wahrscheinlichkeits-)Methoden, die er allerdings mit Big Data und verfeinerter Empirie ergänzt. Bei der Fußball-WM 2014 berechnete er zwar Spielstärke und Siegeswahrscheinlichkeit aller an der Weltmeisterschaft 2014 teilnehmenden Mannschaften ziemlich präzise. Aber er wurde von einem **Schwarzen Schwan** überrascht: Das sensationelle Spiel zwischen Deutschland und Brasilien, das 7 zu 1 ausging, schlug alle Wahrscheinlichkeiten.

Fußball ist ein Sport mit hohen Ausgangswahrscheinlichkeiten *und* **hohen Zufalls-Elementen**. Und genau das macht diese Sportart so spannend, populär und erfolgreich! Denn ließe sich alles durch Spielereinkauf und Trainer-Genius gestalten, wäre das Spiel mit dem komischen Ball einfach nur langweilig!

Nate Silver. The signal and the noise: Why so many predictions fail – but some don't; The Penguin Press, New York, 2012

2003
1960 1970 1980 1990 2000 2003
Start
Hastighet
Rita graf
År 2003
Kuwait 2003
500 US

Das Gapminder-Daten-System

Hans Rosling, Guru der Globalisierung

Hans Rosling selbst sieht sich nicht als Prognostiker, sondern „nur" als Statistiker. Aber seine Statistiken sind von der besonderen Art. Der Stockholmer Gesundheitsprofessor und „Datenfreak" begründete die Meta-Datenbank *Gapminder*, die uns mit Milliarden von Daten über die Entwicklung der Globalisierung und des Weltwohlstands versorgt – **über einen Zeitraum von 200 Jahren!** Seitdem können wir viele Zusammenhänge und Dynamiken der Globalisierung sichtbarer und **reflektierbarer** machen.

In seinem **Global Ignorance Test** hält uns Hans Rosling den Spiegel vor. Unser Weltwissen ist, wie Rosling sagt, schlechter als das eines Schimpansen. Wir glauben grundsätzlich nicht an den Fortschritt. Damit machen wir auch uns selbst groß und andere klein. Wir sind *globale Ignoranten*, weil wir egozentrisch nur auf unsere eigenen (Verlust-)Ängste starren. In Wahrheit geht es der Welt besser als früher. Erstaunlich viel besser.

www.gapminder.org/ignorance

Die Zukunft der Weltbevölkerung

Ein Prognosebeispiel

Wie lässt sich zum Beispiel die Entwicklung der **Weltbevölkerung** voraussagen? Die Entwicklung der Anzahl der Menschen hängt primär an drei Faktoren:

- der Entwicklung der Geburtenraten
- der Entwicklung der Lebenserwartungen
- der **Trends** der Geburtenentwicklung und ihrer Kausalitäten

Heute wissen wir – auch dank **Gapminder** – über die Entwicklung der Geburtenraten in jedem einzelnen Land über einen längeren Zeitraum Bescheid.

Die heutige **Weltgeburtenrate** liegt etwas oberhalb von 2,4 Kindern pro gebärfähiger Frau, also nicht mehr sehr viel über der „Ausgleichsrate" von 2,1. Sie fällt mit einem mittleren Wert von etwa 0,1 pro Jahr. Diese Entwicklung wird sich weiter fortsetzen – und korreliert mit der Zunahme der Lebensspanne. Die Geburtenrate ist stark korreliert zum **Wohlstandsstatus** eines Landes. Je reicher ein Land ist, desto höher die Wahrscheinlichkeit für eine niedrige Geburtenrate. Migration macht nur einen kleinen Teil der Geburtenraten aus.
Bei der Bevölkerungsentwicklung handelt es sich um ein hochgradig **rekursives** und **kohärentes** System. Einmal unter die Ausgleichsrate gesunkene Geburtenraten lassen sich nur sehr langsam wieder steigern.
Die Erwartungskurven für die Fertilität lassen sich also in einem recht engen Tunnel berechnen. Die in der Grafik rechts gezeigten starken Abweichungsmöglichkeiten sind **hochgradig unwahrscheinlich!**

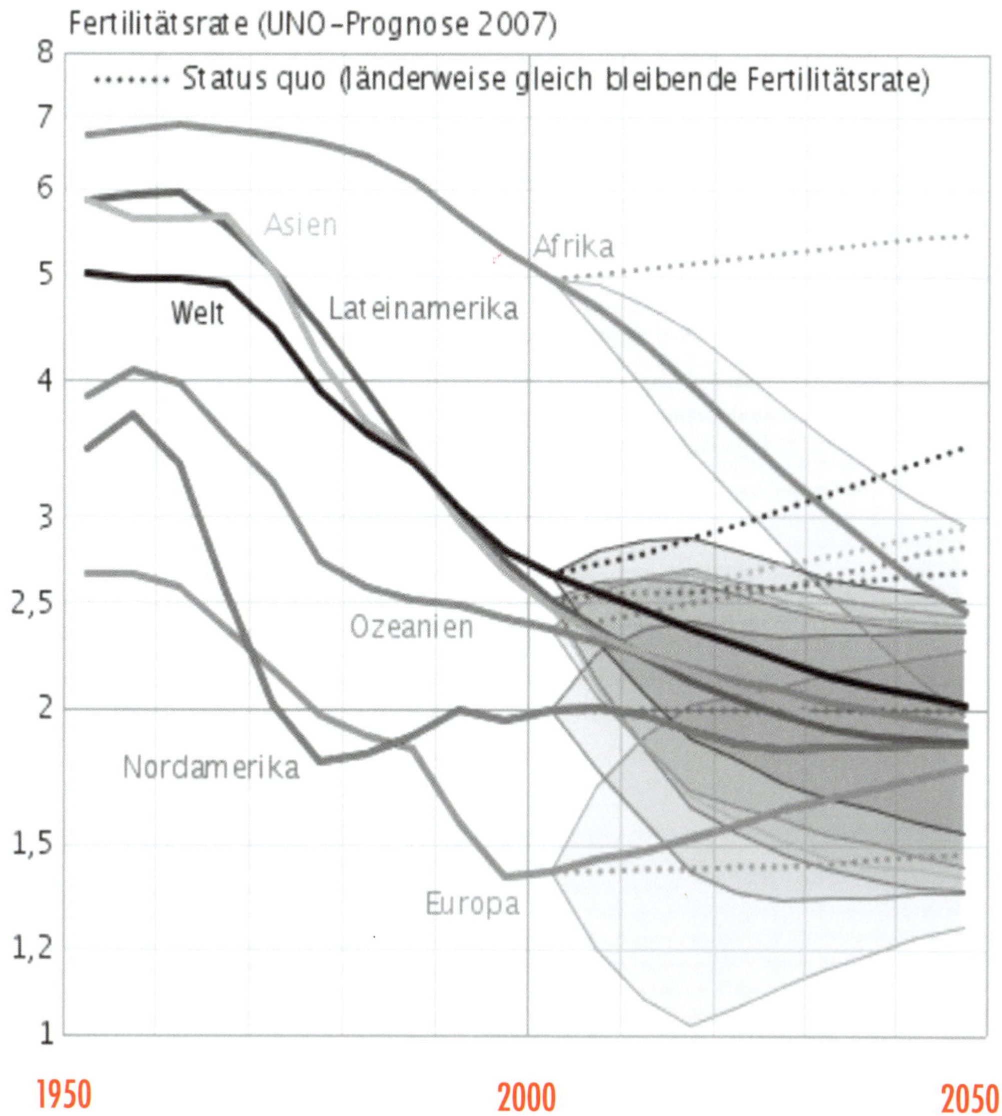

Fertilitätsrate (UNO-Prognose 2007)
Status quo (länderweise gleich bleibende Fertilitätsrate)
8
7
6
5
4
3
2,5
2
1,5
1,2
1
Asien
Afrika
Welt
Lateinamerika
Ozeanien
Nordamerika
Europa
1950
2000
2050

Das System Geburtenrate
Wie alles zusammenhängt

Wir kennen nicht nur die Daten, wir wissen auch über die Korrelationen und Kausalitäten der Geburtenrate gut Bescheid: Religiöse Bindungen **erhöhen** die Geburtenrate in traditionellen, agrarisch geprägten Gesellschaften. In **urbanen** Kulturen führen sie hingegen zu geringeren Geburtenraten: Weil nun viele gebildete Frauen nicht mehr heiraten und Kinder bekommen. Diesen Effekt sieht man besonders in Japan, aber auch im Iran.

Finanzielle Maßnahmen wie Elterngeld und Steuersystemanreize erhöhen die Geburtenrate nach dem demographischen Sprung nur wenig. Eine hohe Säuglingssterblichkeit führt zu **höheren** Geburtenraten, weil sich Frauen nicht sicher sein können, ob die Kinder überleben. Senkungen der Säuglingssterblichkeit hingegen reduzieren die Geburtenrate nachhaltig.
Der Emanzipationsgrad der Männer (wie weit beteiligen sie sich an Hausarbeit und der Kindererziehung?) hat in Niedriggeburtsgesellschaften einen **positiven** Effekt auf die Geburtenrate.

Kriege und Konflikte führen **nicht** zu höheren Geburtenraten (wie das teilweise in früheren Jahrhunderten der Fall war), sondern zu einem weiteren Rückgang der Kinderzahl. Das bedeutet, dass auch in einer Krisenwelt die Fertilität weiter fallen würde.

Dritte Prognoseregel: Systeme mit **hohen Kausalitätsverknüpfungen** sind gut prognostizierbar.

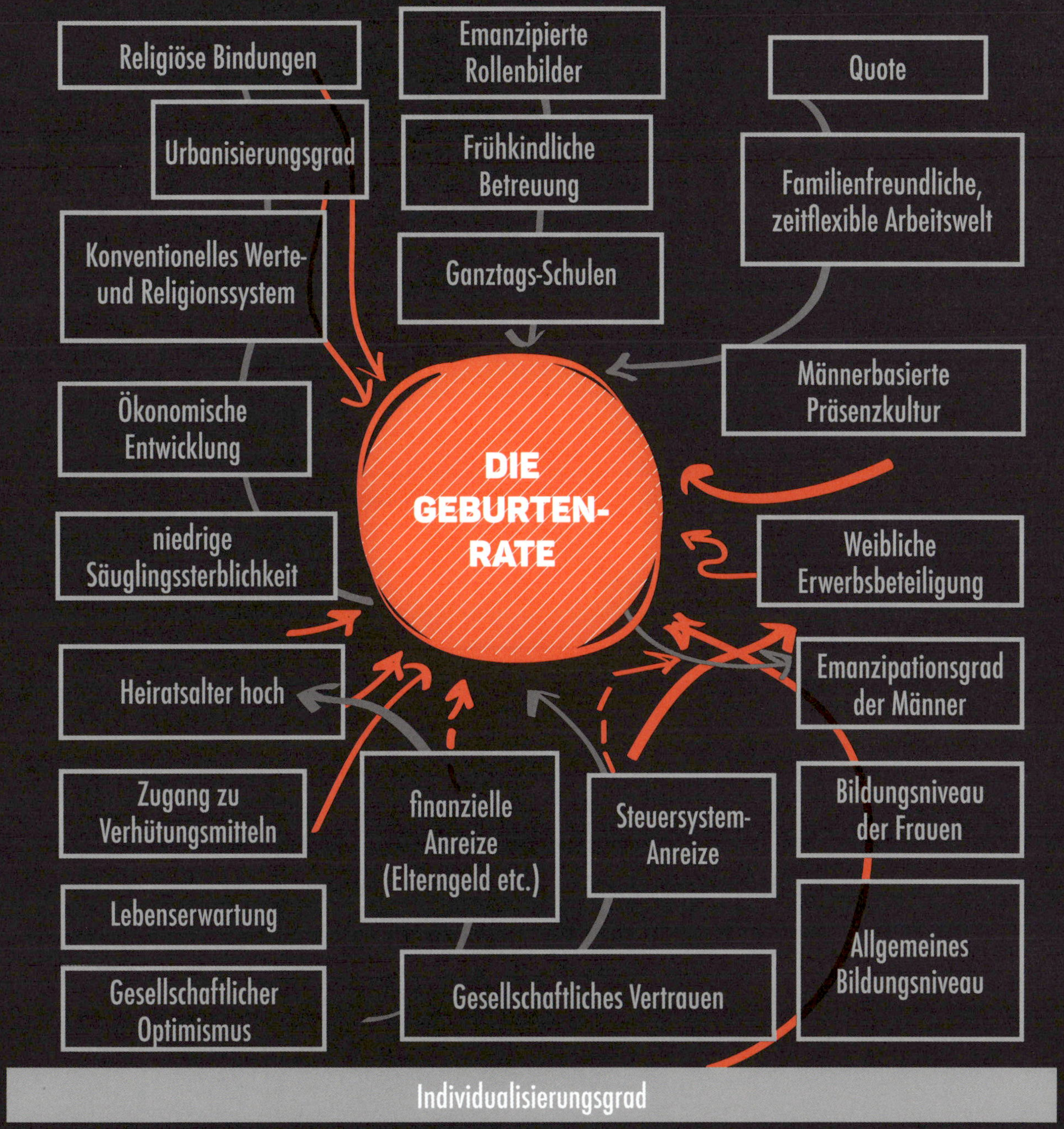

graue Pfeile = erhöht die Geburtenrate/ rote Pfeile = senkt die Geburtenrate

Varianten der Weltbevölkerungsentwicklung bis 2100

(Weltbevölkerung in Milliarden)

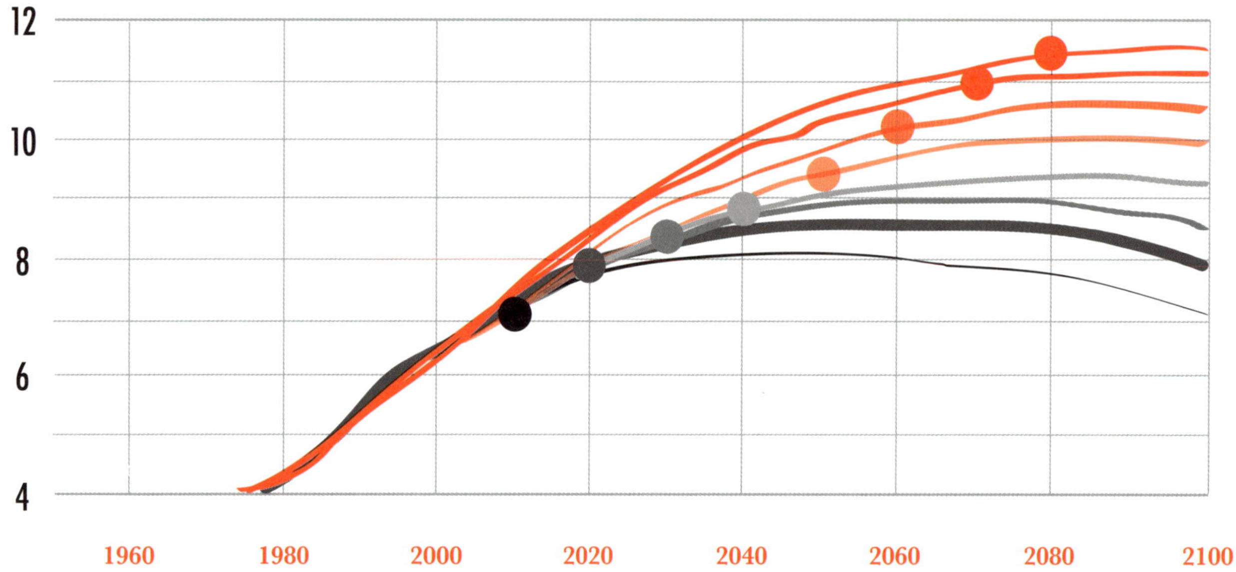

Wenn das Bestanderhaltungsniveau (2,13 Lebendgeborene pro Frau) z. B. ab dem Jahr 2040 unterschritten wird, wächst die Weltbevölkerung auf ein Maximum von 9,5 Milliarden im Jahr 2070 und danach schrupft sie.

● = Jahr, ab dem die Geburtenrate das Bestanderhaltungsniveau unterschreitet

Der Population Peak

Eine Meta-Prognose mit hohem Wahrscheinlichkeitswert

Wenn man alle derzeit existierenden Weltbevölkerungsprognosen – und es gibt *viele* davon – analysiert, fällt auf, dass diese seit vielen Jahren zunehmend konvergieren. Mit der Ausnahme einiger **Ausnahmeszenarios**, in denen sehr hohe oder sehr tiefe Annahmen getroffen werden – etwa vom neuen Club of Rome oder einer Dissidenten-Fraktion der UN –, laufen die Projektionen auf einen **Human Peak in den Jahren 2050 bis 2070 hinaus.**

Die Erdbevölkerung wird dann in der Nähe von **10 Milliarden Menschen** *verharren und kurz darauf wieder zu sinken beginnen. Im 22. Jahrhundert werden wir wahrscheinlich den heutigen Bevölkerungsstand wieder unterschreiten.*

Die prognostische Grenzlinie

Was man voraussagen kann und was eher nicht

Nach David Ruelle/John D. Barrow lassen sich Systeme in Bezug auf ihre Prognostizierbarkeit wie folgt einordnen: Die waagrechte Achse markiert die Komplexität des Systems. Komplexität bedeutet Binnendifferenzierung: Organisation auf vielen Ebenen, kausale Wechselbeziehungen zwischen den Komponenten des Systems. Die senkrechte Achse repräsentiert die Datenmenge, die das System produziert (und die Rückkopplungen von Teilergebnissen ins System). Luftmoleküle etwa reagieren auf billionenfache Weise miteinander und erzeugen einen hohen Rückkopplungsstrom (siehe auch „Schmetterlings-Effekt“).

Die – vorläufige – „Voraussagbarkeitslinie“ verläuft in einer Kurve zwischen den chemischen, mechanischen, physikalisch dominierten Systemen und den komplexen und rekursiveren Systemen. Am schwierigsten zu prognostizieren sind **hyper-rekursive** und **sehr stark informell vernetzte** Systeme wie Börsenkurse.

Sie lassen sich nicht wirklich voraussagen, weil **in ihre Prognose unentwegt Prognosen eingehen**. Spekulative Verzerrungen führen zu chaotischen Trend-Brüchen.

John D. Barrow. Impossibility: The Limits of Science and the Science of Limits; Vintage Books, New York, 1999, S. 68

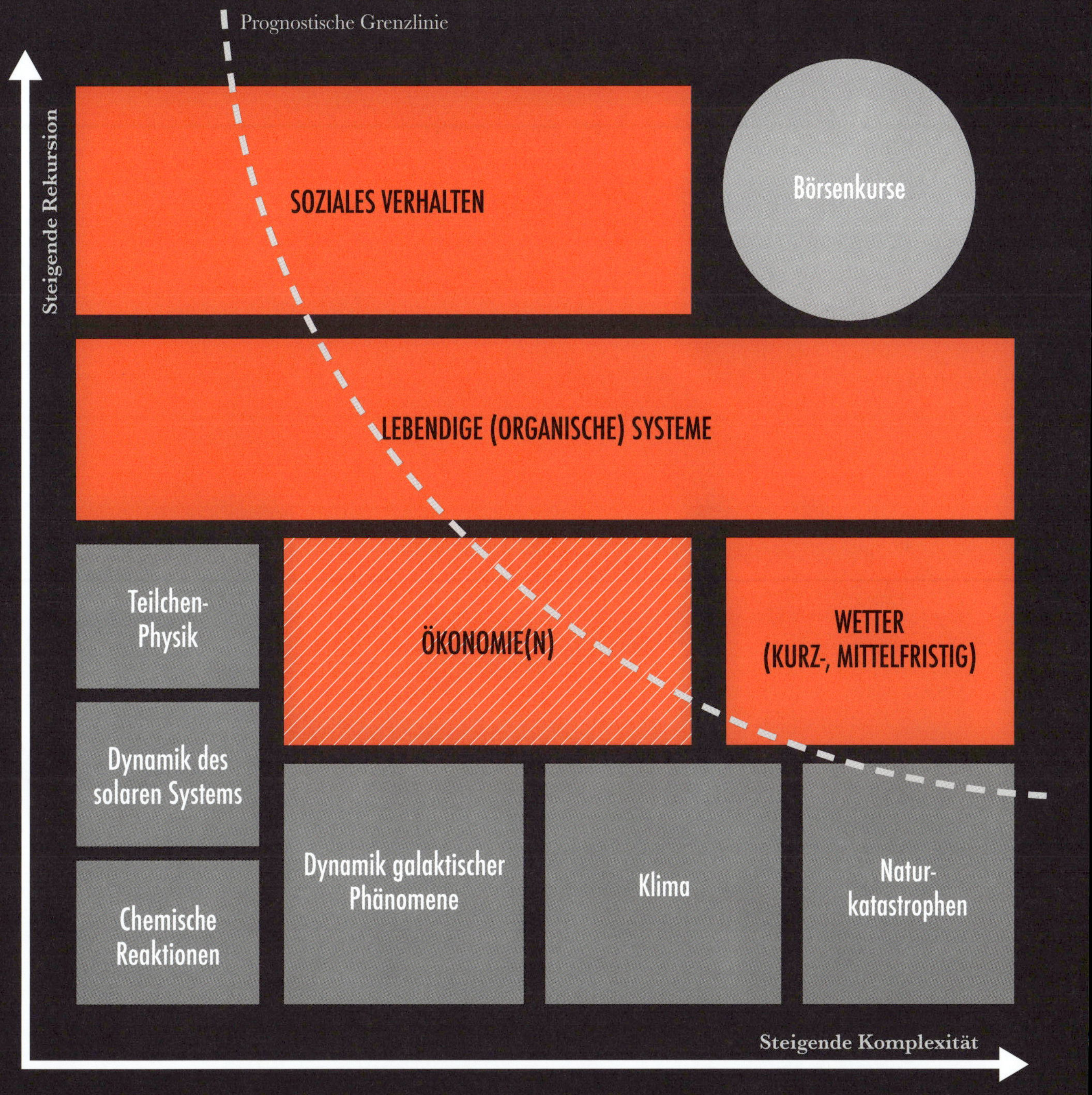
Prognostische Grenzlinie
Steigende Rekursion
SOZIALES VERHALTEN
Börsenkurse
LEBENDIGE (ORGANISCHE) SYSTEME
Teilchen-Physik
ÖKONOMIE(N)
WETTER (KURZ-, MITTELFRISTIG)
Dynamik des solaren Systems
Chemische Reaktionen
Dynamik galaktischer Phänomene
Klima
Natur-katastrophen
Steigende Komplexität

PROGNOSTISCHE KOMPETENZ

"The victorious futurist is not a prophet. He or she does not defeat the future but predicts the present. Futurism doesn't mean predicting an awesome wonder; rather it means recognizing and describing a small apparent oddity that is destined to become a great commonplace."

Bruce Sterling

Super-Prognostiker

Die Weisen aus dem Morgenland

Was verbindet die Menschen, deren Portraits Sie hier sehen? Sie haben tatsächlich die Zukunft vorausgesehen! Und zwar ziemlich gut!

- Roger Bacon, Mönch und Philosoph des Mittelalters, beschrieb im 14. Jahrhundert die heutige technische Zivilisation.
- Winston Churchill, ein zur Depression neigender Staatsmann, dem Whisky und den Zigarren zugeneigt, strategischer Gewinner des Zweiten Weltkriegs, antizipierte die kabellose Kommunikationswelt und den Aufstieg alternativer Energien sowie die Entwicklung artifizieller Tiernahrung – und vieles andere mehr.
- John E. Watkins, ein amerikanischer Museumskurator, zeichnete das sozioökonomische Alltagsleben im Jahr 2000 exakt auf.
- Margaret Mead, die berühmte Anthropologin, sah den Terrorismus und die asymmetrischen Kriege und Bürgerkriege von heute voraus.
- Tom Clancy nahm in seinem Roman *Command Authority*, dem letzten vor seinem Tod (2013), die Ukraine-Krise fast eins zu eins voraus.

Auffällig an dieser Personenauswahl (die natürlich auch zu einem gewissen Grad zufällig ist) ist, dass es sich um Menschen handelt, die

- als Zukunftsseher unbekannt geblieben sind (Churchill war nicht wegen seiner Prognosefähigkeit bekannt, ebenso wenig Clancy oder Mead)
- aus Bereichen/Berufen/Disziplinen stammen, die man nicht unbedingt dem Terminus „Zukunft" zuordnet

Lucian Hölscher. Die Entdeckung der Zukunft; Fischer Taschenbuch, Frankfurt, 1999

John Naisbitt. Mind Set: Wie wir die Zukunft entschlüsseln; Carl Hanser Verlag, 2007

Oona Horx-Strathern. Die Visionäre: Eine kleine Geschichte von Delphi bis heute; Signum Verlag, 2008

Winston Churchill

Margaret Mead

Tom Clancy bei einer Signierstunde am Boston College

Das Tetlock-Experiment

Warum Experten schlechte Prognostiker sind

> Experts are often wrong, but never in doubt.
>
> **Dan Gardner, Future Babble**

Philip E. Tetlock, ein amerikanischer Psychologe und Management-Wissenschaftler, hat sich der **Evaluierung von Prognosen** verschrieben. Im Jahr 2005 brachte er einen Forschungsbericht mit dem trockenen Titel **Expert Political Judgement** heraus. Darin bilanzierte er die Prognosen von 284 Experten zu politischen, ökonomischen und technischen Themen über einen Zeitraum von 20 Jahren. Es ging um Voraus- und Vorhersagen von Technologieentwicklungen, ökonomischen Trends, aber auch den Ausgang politischer Prozesse und Konflikte (*„Werden die Taliban Frieden schließen?“*). Insgesamt 82.361 Vorhersagen gingen in das Projekt ein, teilweise noch aus den frühen 90er Jahren. Damit konnte er die Treffsicherheit über einen relativ langen Zeitraum analysieren.

Das Ergebnis war niederschmetternd, aber auch erhellend.

- Die Trefferquote der Experten lag überall unter dem Zufallsdurchschnitt.
- Experten schnitten nicht besser ab als informierte Laien.
- Am schlechtesten schnitten jene Experten ab, die als Koryphäen und „Berühmtheiten“ galten.

Wintle/Mascaro/Fidler/McBride/Burgmann. The Intelligence Game: Assessing Delphi Groups and Structures Question Formats; Research, Edith Cowan University, 2012

Dan Gardner. Future Bubble: Why Expert predictions are next to worthless and you can do better; Dutton Adult, 2011

Philip E. Tetlock. Expert Political Judgement: How Good Is It? How Can We Know?; Princeton Univ Press, 2006

http://ro.ecu.edu.au/cgi/viewcontent.cgi?article=1025&context=asifora.tv/2007/01/26/Why_Foxes_Are_Better_Forecasters_Than_Hedgehogs/everybodys_an_expert_fox_vs_hedgehog_personalities

Was Superprognostiker anders machen

Kann man Zukunft erlernen?

In seinem jüngsten Forschungsprojekt, dem **Good Judgement Project**, erweiterte Tetlock noch einmal die Anzahl und die Dimension der Prognosen. 20.000 Individuen konnten nun (seit 2008) an seiner Prognose-Evaluation teilnehmen. Im Unterschied zum ersten Versuch sind jetzt auch **Prognose-Korrekturen** möglich. Die ersten Ergebnisse weisen tatsächlich darauf hin, dass es so etwas wie **Superprognostiker** gibt. Menschen, die ganz besonders gut komplexe Voraussagen treffen können – und zwar *deutlich* besser als Experten. Noch besser werden die Superprognostiker, wenn sie in **Diversitätsgruppen arbeiten**.

In diesem Schaubild lässt sich die **Prognose-Effektivität** abbilden. Die hellgrauen Pfeile *erhöhen* und *verstärken* die Fähigkeit zu richtigen Prognosen, die dunkelgrauen *vermindern* sie: **Erfahrungsoffenheit** bedeutet, dass man sich durch andere Meinungen beeinflussen und befruchten lässt. **Skepsis** gegenüber gängigen Beurteilungen bemisst unsere Fähigkeit, „out of the box" zu denken und Klischees zu durchschauen. **Anfälligkeit für „sexy narratives":** Es gibt unglaublich faszinierende Theorien und Modelle – etwa die demnächst bevorstehende „Singularität", die uns alle unsterblich macht. Alles Faszinierende hat aber die Eigenschaft, uns in die Irre zu führen. **Immunität gegen „Hindsight Bias":** Diese gaukelt uns vor, wir hätten es „auch schon vorher gewusst". Um unsere Prognosefähigkeit zu erhöhen, müssen wir uns vor allem mit unseren Irrtümern auseinandersetzen – und sie als Lernprozesse nutzen.

Tim Harford. How to see into the future, FT Magazine, 5.9.2014
http://www.ft.com/intl/cms/s/2/3950604a-33bc-11e4-ba62-00144feabdc0.html#axzz3FBkD5C48

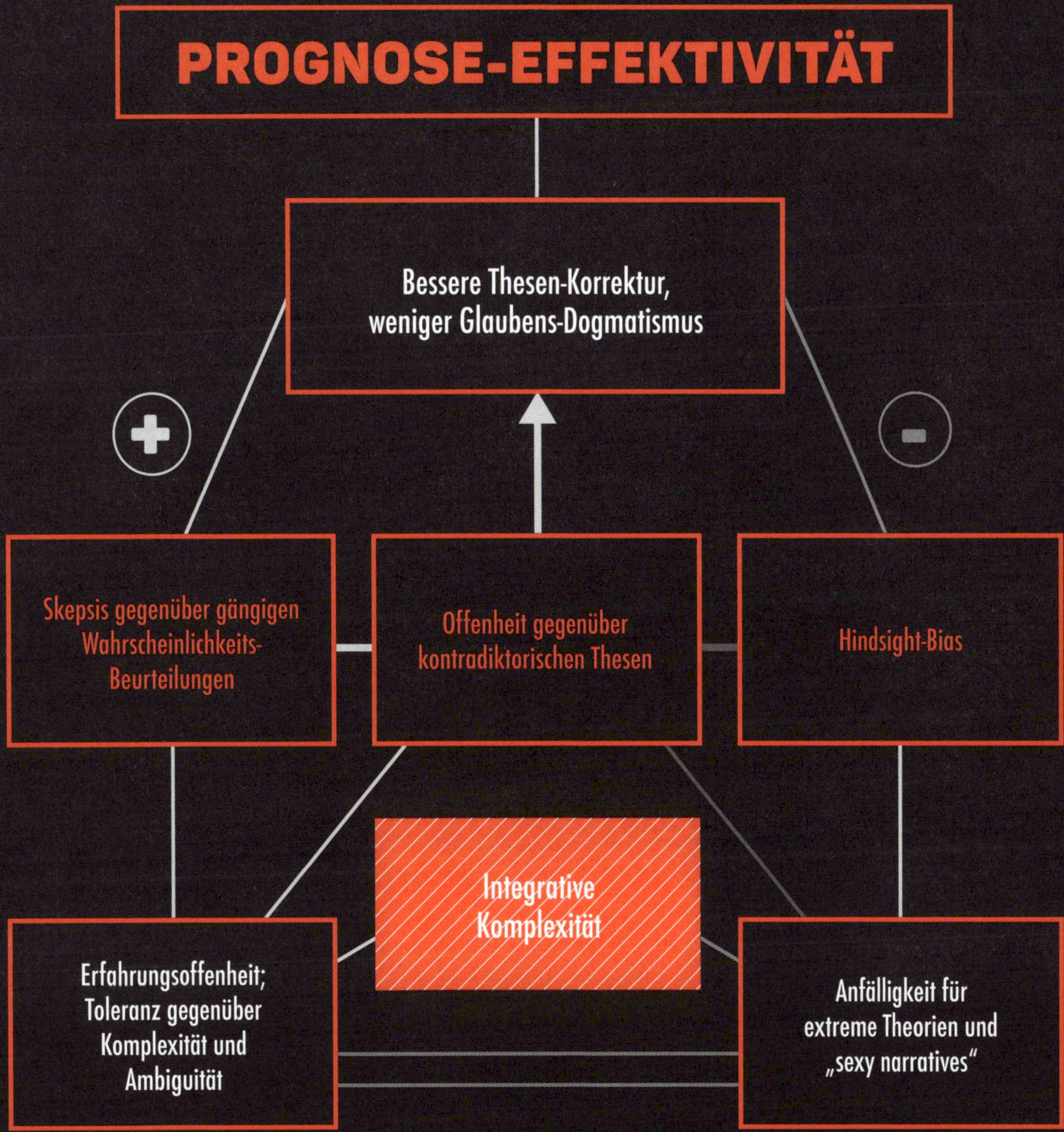
PROGNOSE-EFFEKTIVITÄT
Bessere Thesen-Korrektur, weniger Glaubens-Dogmatismus
+
-
Skepsis gegenüber gängigen Wahrscheinlichkeits-Beurteilungen
Offenheit gegenüber kontradiktorischen Thesen
Hindsight-Bias
Integrative Komplexität
Erfahrungsoffenheit; Toleranz gegenüber Komplexität und Ambiguität
Anfälligkeit für extreme Theorien und „sexy narratives“

So gut wie alles wurde vorausgesehen!

Auch das Internet und der IS-Terrorismus

„Prognosen sind schwierig, besonders wenn sie die Zukunft betreffen." Dieses vielgenutzte Zitat, wahlweise Groucho Marx, Churchill oder Karl Valentin untergeschoben (es stammt von Nils Bohr), wird oft gebraucht, wenn der Skepsis gegenüber der Prognostik Ausdruck verliehen werden soll. Aber eine historische Analyse zeigt, dass so gut wie *alles* vorausgesagt wurde. **Das Internet zum Beispiel wurde zur Jahrhundertwende 1900 von vielen Autoren in vielen Varianten detailliert beschrieben.** Sogar **Events** wie der Fall der Sowjetunion wurden von mehreren Autoren auf Jahrzehnte terminiert (in einer Bandbreite von wenigen Jahren). Tom Clancy beschrieb in seinem Roman „Command Authority" von 2011 exakt die Besetzung der Krim durch Russland. Das Super-Attentat vom 11. September 2001 wurde von einem Geheimdienstagenten und einem Sicherheitschef fast wortgetreu vorausgesehen – natürlich nicht zum realen Datum, aber in den Grundzügen der Geschehnisse.

Stellt sich die Frage: *Wer* konnte die Zukunft voraussagen? Mit welchen **Fähigkeiten**? Und warum sind diejenigen, die tatsächlich prognostisch erfolgreich waren, so gut wie immer unbekannt geblieben, während Fehlprognosen (z.B. „Das Ende der Geschichte") den Ruhm und das Honorar der Protagonisten eher befördern?

http://en.wikipedia.org/wiki/John_P._O'Neill
http://en.wikipedia.org/wiki/Rick_Rescorla

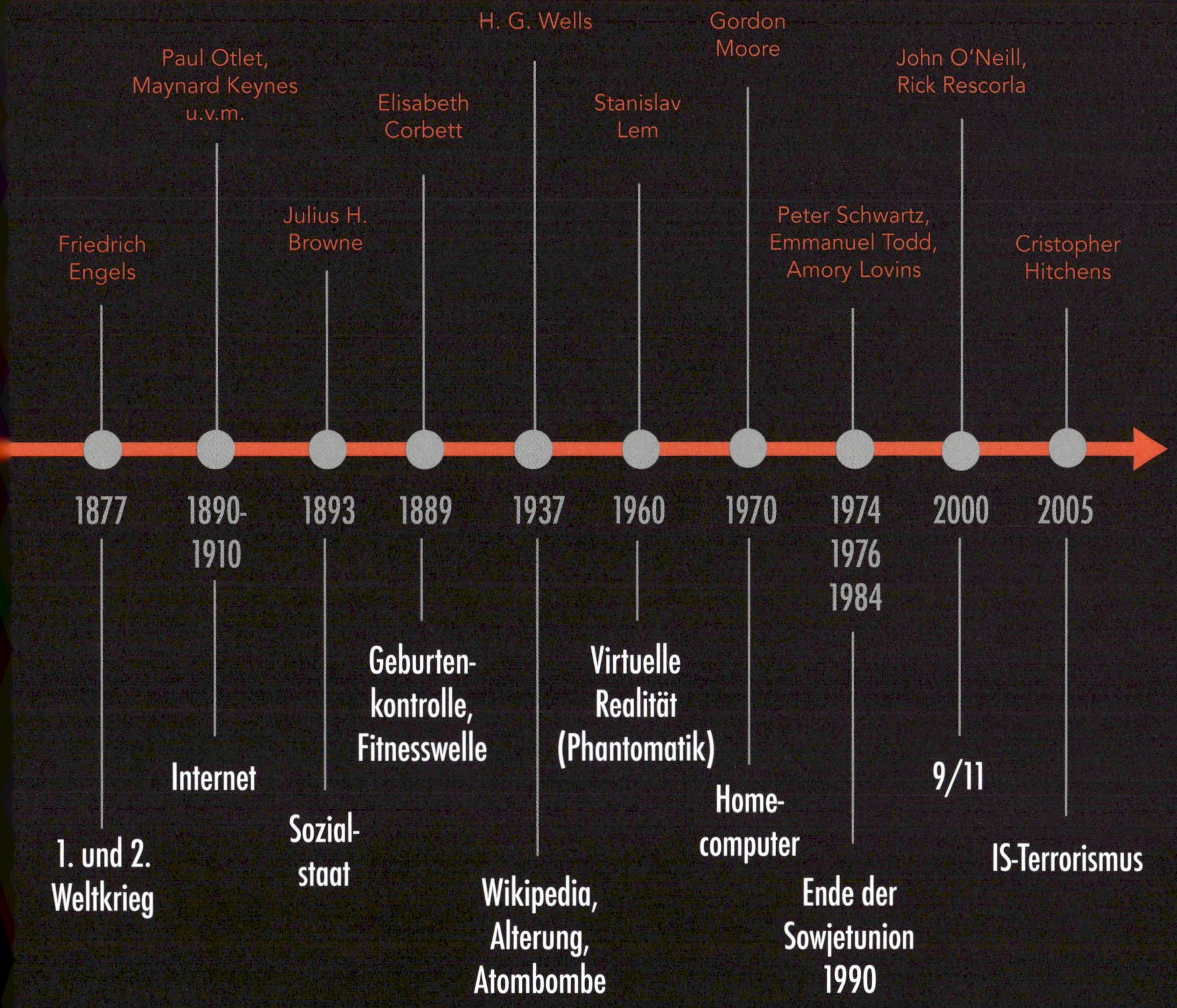
Friedrich Engels
1877
1. und 2. Weltkrieg
Paul Otlet, Maynard Keynes u.v.m.
1890-1910
Internet
Julius H. Browne
1893
Sozial-staat
Elisabeth Corbett
1889
Geburten-kontrolle, Fitnesswelle
H. G. Wells
1937
Wikipedia, Alterung, Atombombe
Stanislav Lem
1960
Virtuelle Realität (Phantomatik)
Gordon Moore
1970
Home-computer
Peter Schwartz, Emmanuel Todd, Amory Lovins
1974
1976
1984
Ende der Sowjetunion 1990
John O'Neill, Rick Rescorla
2000
9/11
Cristopher Hitchens
2005
IS-Terrorismus

Der beste Prognostiker von allen!

Ein Museumsdirektor

J. Elfreth Watkins, ein Museumsdirektor und Kurator aus dem Mittleren Westen, schrieb im Jahr 1900 einen vielbeachteten Text über die Zukunft im Jahr 2000. Veröffentlicht wurde der Text im *Ladies Home Journal*, einer auflagenstarken Frauenzeitung. Watkins sagte so gut wie alles richtig voraus – von der Bevölkerungszahl der USA bis zur Anzahl der Autos, von den Einrichtungen eines modernen Haushalts mit Fernseher, Kühlschrank und Mikrowelle über den E-Commerce bis zum Convenience- und Fitness-Trend.

Watkins Erfolg zeigt, dass ein ganz bestimmtes **Mindset** richtige Prognosen begünstigt: universales Denken, praktischer Menschenverstand und vor allem ein **Denken vom Bedarf her**. Als Techniker und Kurator war Watkins ein Sammler, der seine Artefakte nach ihrem Gebrauchswert beurteilte. Er dachte an die **Nützlichkeiten** der Technologien – und vermied auf diese Weise Übertreibungen und pure Spekulationen.

WHAT MAY HAPPEN IN THE NEXT HUNDRED YEARS

By JOHN ELFRETH WATKINS, JR.

THESE prophecies will seem strange, almost impossible. Yet they have come from the most learned and conservative minds in America. To the wisest and most careful men in our greatest institutions of science and learning I have gone, asking each in his turn to forecast for me what, in his opinion, will have been wrought in his own field of investigation before the dawn of 2001—a century from now. These opinions I have carefully transcribed.

Five Hundred Million People. There will probably be from 350,000,000 to 500,000,000 people in America and its possessions by the lapse of another century. Nicaragua will ask for admission to our Union after the completion of the great canal. Mexico will be next. Europe, seeking more territory to the south of us, will cause many of the South and Central American republics to be voted into the Union by their own people.

The American will be Taller by from one to two inches. His increase of stature will result from better health, due to vast reforms in medicine, sanitation, food and athletics. He will live fifty years instead of thirty-five as at present—for he will reside in the suburbs. The city house will practically be no more. Building in blocks will be illegal. The trip from suburban home to office will require a few minutes only. A penny will pay the fare.

There will be No C, X or Q in our every-day alphabet. They will be abandoned because unnecessary. Spelling by sound will have been adopted, first by the newspapers. English will be a language of condensed words expressing condensed ideas, and will be more extensively spoken than any other. Russian will rank second.

Hot and Cold Air from Spigots. Hot or cold air will be turned on from spigots to regulate the temperature of a house as we now turn on hot or cold water from spigots to regulate the temperature of the bath. Central plants will supply this cool air and heat to city houses in the same way as now our gas or electricity is furnished. Rising early to build the furnace fire will be a task of the olden times. Homes will have no chimneys, because no smoke will be created within their walls.

No Mosquitoes nor Flies. Insect screens will be unnecessary. Mosquitoes, house-flies and roaches will have been practically exterminated. Boards of health will have destroyed all mosquito haunts and breeding-grounds, drained all stagnant pools, filled in all swamp-lands, and chemically treated all still-water streams. The extermination of the horse and its stable will reduce the house-fly.

Ready-Cooked Meals will be Bought from establishments similar to our bakeries of to-day. They will purchase materials in tremendous wholesale quantities and sell the cooked foods at a price much lower than the cost of individual cooking. Food will be served hot or cold to private houses in pneumatic tubes or automobile wagons. The meal being over, the dishes used will be packed and returned to the cooking establishments where they will be washed. Such wholesale cookery will be done in electric laboratories rather than in kitchens. These laboratories will be equipped with electric stoves, and all sorts of electric devices, such as coffee-grinders, egg-beaters, stirrers, shakers, parers, meat-choppers, meat-saws, potato-mashers, lemon-squeezers, dish-washers, dish-dryers and the like. All such utensils will be washed in chemicals fatal to disease microbes. Having one's own cook and purchasing one's own food will be an extravagance.

Trains One Hundred and Fifty Miles an Hour. Trains will run two miles a minute, normally; express trains one hundred and fifty miles an hour. To go from New York to San Francisco will take a day and a night by fast express. There will be cigar-shaped electric locomotives hauling long trains of cars. Cars will, like houses, be artificially cooled. Along the railroads there will be no smoke, no cinders, because coal will neither be carried nor burned. There will be no stops for water. Passengers will travel through hot or dusty country regions with windows down.

Automobiles will be Cheaper than Horses are to-day. Farmers will own automobile hay-wagons, automobile truck-wagons, plows, harrows and hay-rakes. A one-pound motor in one of these vehicles will do the work of a pair of horses or more. Children will ride in automobile sleighs in winter. Automobiles will have been substituted for every horse vehicle now known. There will be, as already exist to-day, automobile hearses, automobile police patrols, automobile ambulances, automobile street sweepers. The horse in harness will be as scarce, if, indeed, not even scarcer, then as the yoked ox is to-day.

Everybody will Walk Ten Miles. Gymnastics will begin in the nursery, where toys and games will be designed to strengthen the muscles. Exercise will be compulsory in the schools. Every school, college and community will have a complete gymnasium. All cities will have public gymnasiums. A man or woman unable to walk ten miles at a stretch will be regarded as a weakling.

To England in Two Days. Fast electric ships, crossing the ocean at more than a mile a minute, will go from New York to Liverpool in two days. The bodies of these ships will be built above the waves. They will be supported upon runners, somewhat like those of the sleigh. These runners will be very buoyant. Upon their under sides will be apertures expelling jets of air. In this way a film of air will be kept between them and the water's surface. This film, together with the small surface of the runners, will reduce friction against the waves to the smallest possible degree. Propellers turned by electricity will screw themselves through both the water beneath and the air above. Ships with cabins artificially cooled will be entirely fireproof. In storm they will dive below the water and there await fair weather.

There will be Air-Ships, but they will not successfully compete with surface cars and water vessels for passenger or freight traffic. They will be maintained as deadly war-vessels by all military nations. Some will transport men and goods. Others will be used by scientists making observations at great heights above the earth.

Aërial War-Ships and Forts on Wheels. Giant guns will shoot twenty-five miles or more, and will hurl anywhere within such a radius shells exploding and destroying whole cities. Such guns will be aimed by aid of compasses when used on land or sea, and telescopes when directed from great heights. Fleets of air-ships, hiding themselves with dense, smoky mists, thrown off by themselves as they move, will float over cities, fortifications, camps or fleets. They will surprise foes below by hurling upon them deadly thunderbolts. These aërial war-ships will necessitate bomb-proof forts, protected by great steel plates over their tops as well as at their sides. Huge forts on wheels will dash across open spaces at the speed of express trains of to-day. They will make what are now known as cavalry charges. Great automobile plows will dig deep intrenchments as fast as soldiers can occupy them. Rifles will use silent cartridges. Submarine boats submerged for days will be capable of wiping a whole navy off the face of the deep. Balloons and flying machines will carry telescopes of one-hundred-mile vision with camera attach-

Grand Opera will be Telephoned to private homes, and will sound as harmonious as though enjoyed from a theatre box. Automatic instruments reproducing original airs exactly will bring the best music to the families of the untalented. Great musicians gathered in one inclosure in New York will, by manipulating electric keys, produce at the same time music from instruments arranged in theatres or halls in San Francisco or New Orleans, for instance. Thus will great bands and orchestras give long-distance concerts. In great cities there will be public opera-houses whose singers and musicians are paid from funds endowed by philanthropists and by the government. The piano will be capable of changing its tone from cheerful to sad. Many devices will add to the emotional effect of music.

How Children will be Taught. A university education will be free to every man and woman. Several great national universities will have been established. Children will study a simple English grammar adapted to simplified English, and not copied after the Latin. Time will be saved by grouping like studies. Poor students will be given free board, free clothing and free books if ambitious and actually unable to meet their school and college expenses. Medical inspectors regularly visiting the public schools will furnish poor children free eyeglasses, free dentistry and free medical attention of every kind. The very poor will, when necessary, get free rides to and from school and free lunches between sessions. In vacation time poor children will be taken on trips to various parts of the world. Etiquette and housekeeping will be important studies in the public schools.

Store Purchases by Tube. Pneumatic tubes, instead of store wagons, will deliver packages and bundles. These tubes will collect, deliver and transport mail over certain distances, perhaps for hundreds of miles. They will at first connect with the private houses of the wealthy; then with all homes. Great business establishments will extend them to stations, similar to our branch post-offices of to-day, whence fast automobile vehicles will distribute purchases from house to house.

Vegetables Grown by Electricity. Winter will be turned into summer and night into day by the farmer. In cold weather he will place heat-conducting electric wires under the soil of his garden and thus warm his growing plants. He will also grow large gardens under glass. At night his vegetables will be bathed in powerful electric light, serving, like sunlight, to hasten their growth. Electric currents applied to the soil will make valuable plants grow larger and faster, and will kill troublesome weeds. Rays of colored light will hasten the growth of many plants. Electricity applied to garden seeds will make them sprout and develop unusually early.

Oranges will Grow in Philadelphia. Fast-flying refrigerators on land and sea will bring delicious fruits from the tropics and southern temperate zone within a few days. The farmers of South America, South Africa, Australia and the South Sea Islands, whose seasons are directly opposite to ours, will thus supply us in winter with fresh summer foods which cannot be grown here. Scientists will have discovered how to raise here many fruits now confined to much hotter or colder climates. Delicious oranges will be grown in the suburbs of Philadelphia. Cantaloups and other summer fruits will be of such a hardy nature that they can be stored through the winter as potatoes are now.

Strawberries as Large as Apples will be eaten by our great-great-grandchildren for their Christmas dinners a hundred years hence. Raspberries and blackberries will be as large. One will suffice for the fruit course of each person. Strawberries and cranberries will be grown upon

„Der Fuchs weiß
viele kleine Dinge,
der Igel aber weiß
nur ein großes Ding."

Isaiah Berlin

Von Füchsen, Igeln und Zukunftseulen

Eine futurologische Zoologie

Die Philosophie des Isaiah Berlin, geboren 1909 in Riga, machte in seinem Buch „The Hegdehog and the Fox" ein Zitat des antiken Dichters Achilochos zum Motto: Darin geht es um die grundlegende Unterscheidung zweier Denkmodelle. „Igel" sind Experten, die die Welt in einer einzigen Disziplin, einem einzigen Algorithmus durchdringen. Ihr Wissen ist „spitz", eindeutig, konzentriert – und geht in die Tiefe der Details. Füchse hingegen sind Universalisten, die in keinem Fachgebiet wirklich ausschließlich zu Hause sind. Sie haben das Talent, **Verknüpfungen** ausfindig zu machen. Wie wäre es, wenn wir unseren prognostischen Zoo noch um die **Eule** erweitern würden? Ein Tier, das wie ein Fuchs denkt, wie ein Igel fokussieren kann – aber gleichzeitig dabei den Kopf in alle Himmelsrichtungen zu drehen vermag?

„Zukunfts-Eulen" hegen folgende Eigenschaften:

- **Verknüpfungsfähigkeit:** Die Fähigkeit, über die eigene Fachdisziplin hinauszuschauen und Verbindungen zu suchen.

- **Zweifel:** Die grundlegende Überzeugung, dass es keine endgültigen und absoluten Wahrheiten gibt.

- **Bescheidenheit:** Einer der Gründe, weshalb die erfolgreichen Visionäre unbekannt blieben, ist wahrscheinlich: Sie sind (oder waren) schüchterne **Außenseiter**, die sich in vielem unsicher waren.

Isaiah Berlin. Der Igel und der Fuchs: Essay über Tolstojs Geschichtsverständnis; Suhrkamp 2009

FUTURE BIAS

DIE ZUKUNFTSVERZERRUNG

„Der Wunsch, vorherzusagen,
ist der Wunsch, zuvorzukommen.“

„Voir pour savoir, savoir pour
prévoir, prévoir pour prévenir.“

Auguste Comte

„Der wichtigste Grund, warum unser Hirn darauf besteht, die Zukunft zu simulieren, selbst wenn wir lieber in der Gegenwart sein sollten, besteht darin, dass es die zukünftigen Erfahrungen kontrollieren will.

Daniel Gilbert

Warum wir Zeitreisende sind

Die Zukunft beginnt im Kopf

Menschen sind Zukunftswesen. Was uns von den Tieren unterscheidet, ist unser großes, antizipierendes Gehirn, das ständig *vorausschaut* – um sich besser auf Gefahren und Möglichkeiten einzustellen. Aber gleichzeitig bleibt *die Zukunft* reines Konstrukt unseres Geistes. Der Zukunftspsychologe **Phillip Zimbardo** formulierte:

> »Die Zukunft wird, wie die Vergangenheit auch, nie direkt erlebt. Sie ist ein psychischer, konstruierter Geisteszustand. Aufgebaut auf unseren Hoffnungen, Ängsten, Erwartungen und Wünschen, ist die Zukunft das notwendige Gerüst für Erfolg in Schule, Geschäftsleben, Kunst, Liebe …«

Wir sind pro-gnostische (von „gnosis", dem griechischen Wort für Schöpfung) Wesen – unser Geist *formt* die Zukunft, indem er sie vorwegnimmt und unsere Handlungen motiviert oder beeinflusst. Die Zukunftsforschung muss sich deshalb auch mit den **Kognitionswissenschaften** und der **Neurobiologie** beschäftigen. Wir können die Zukunft nicht verstehen, ohne uns selbst zu verstehen – unsere Ängste, Sehnsüchte, Trugbilder, Projektionen. Die Auseinandersetzung mit der Zukunft erzwingt die Kenntnis unserer Irrtümer.

Wir sind das vorausschauende Tier. Das irrende Tier. Im Vorwärtsschauen verändern wir uns selbst. Und die Welt, indem wir sie mental neu zusammensetzen.

„Eigentlich kann man nicht sagen,
es gibt die drei Zeiten Vergangenheit,
Gegenwart und Zukunft. Genau würde
man sagen müssen: Es gibt drei Zeiten:
eine Gegenwart in Hinsicht auf die Gegenwart, eine Gegenwart in Hinsicht
auf die Vergangenheit und eine
Gegenwart in Hinsicht auf
die Zukunft.“

Augustinus

Der Mann, der die Zukunft verlor

Die Geschichte des Phineas Gage

Der Fall des Phineas Gage, eines Eisenbahnarbeiters, dem im Jahre 1845 im Alter von 25 Jahren eine Eisenstange den größten Teil seines **präfrontalen Cortex** zerstörte, zeigt die Bedeutung der inneren Zukunftskonstruktionen für das menschliche Sein. Gage lebte nach seinem Unfall äußerlich wie alle anderen Menschen. Aber er konnte sich **nicht mehr daran erinnern, dass es ein Morgen gibt.** Wenn man ihn fragte, was er nächste Woche plane, wohin er nächstes Jahr in Urlaub fahren würde, antworte er mit Stammeln. Oder verstummte. Oder erlitt einen Wutausbruch. Gage wurde im Laufe seines Lebens zunehmend jähzorniger und unglücklicher. Sein Zustand kippte schließlich in eine demente Depression um.

Die Aussage „Wer Visionen hat, sollte zum Arzt gehen" muss also revidiert werden. Visionen sind Bestandteile des Lebens! Ohne Vorstellung vom Fluss der Zeit gerät unser humanes Gleichgewicht aus den Fugen.

Allerdings hat die Psychologin Gabriele Oettingen nachgewiesen, dass **zu starke Zukunftsvisionen** einen negativen Effekt haben können. Sie können uns zu passiven, rein „zukunftsvirtuellen" Wesen machen. Weil die Komfortabilität der Phantasie größer ist als die Motivation zu handeln, verharren wir dann lieber in der reinen Phantasie. Auch allzu präzise Utopien sind kontraproduktiv: Wir sind nicht mehr in der Lage, unsere Erwartungsbilder zu korrigieren. Und leiden unter ständigem Zukunfts-Frust.

Unser „Future Sense" (Zukunftssinn) kann also in mehrere Richtungen aus der Fasson geraten.

Gabriele Oettingen. Rethinking positive thinking: Inside the new science of Motivation; Current, 2014

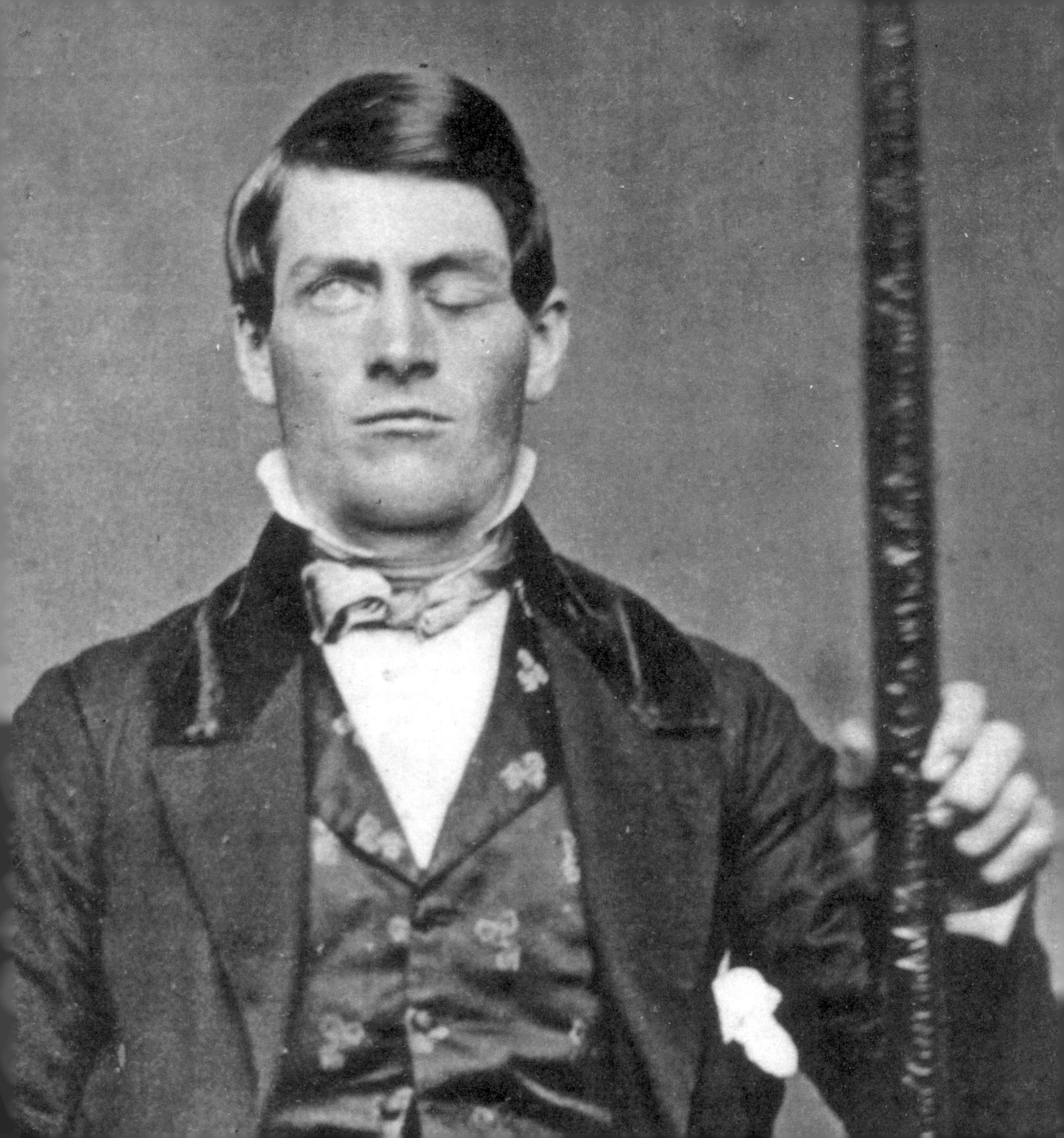

Denken bedeutet, die Zukunft vorhersagen. Je komplexer ein Hirn, je vielfältiger die Sinneseindrücke und Speicher- (Erinnerungs-)möglichkeiten, desto besser die Prognose.

***Jeff Hawkins:** Die Zukunft der Intelligenz*

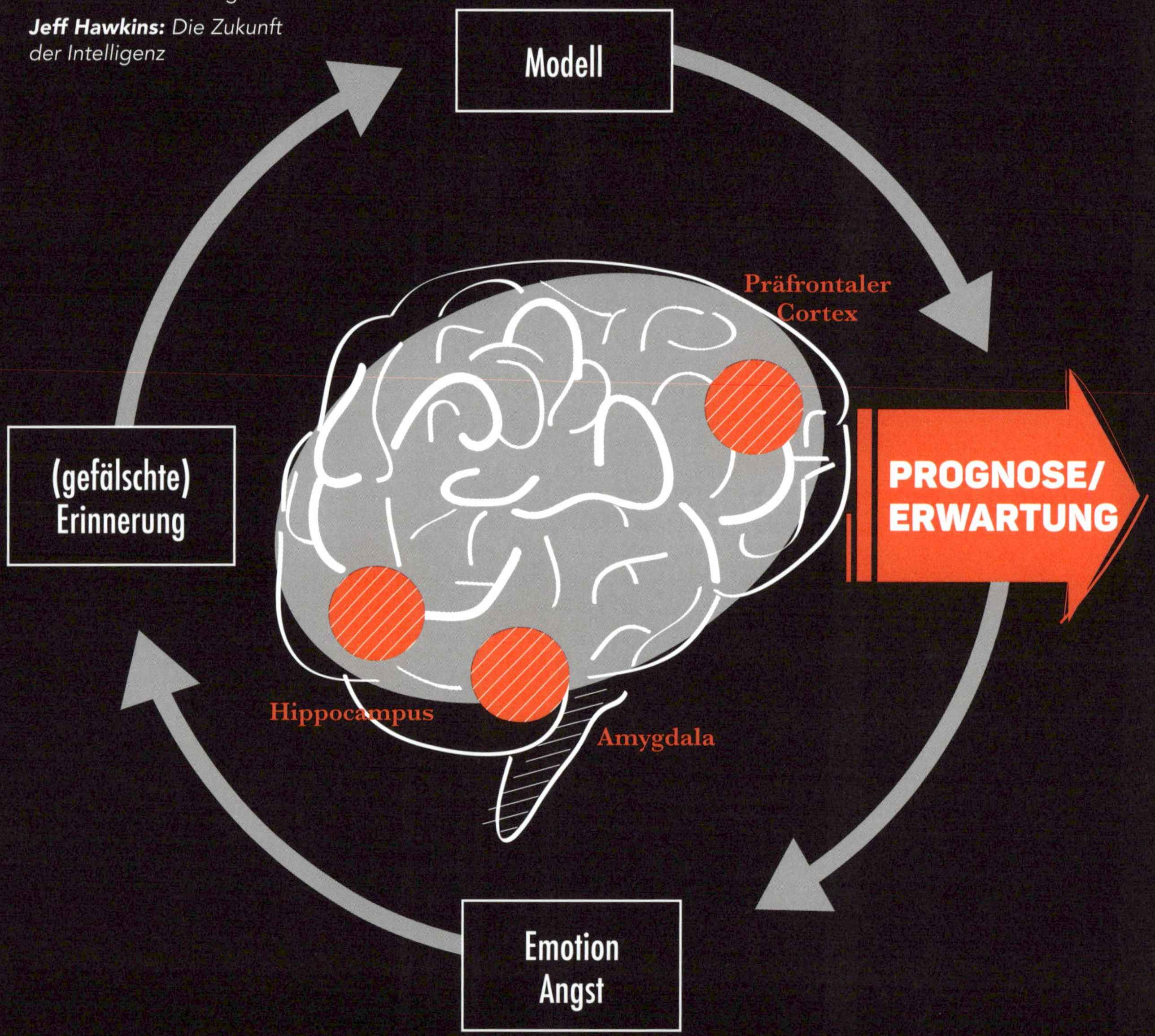

Wie das Hirn Zukunft konstruiert

Der antizipierende Geist

Was passiert in unserem Geist, wenn wir „nach vorne denken"? Folgende Zentren des Hirns werden in besonderer Weise aktiviert:

- **Die Amygdala:** Das Angstzentrum am Stammhirn, das uns in Angst (im Sinne von Kampf/Fluchtbereitschaft) versetzt (Prognose der Gefahr).
- **Der Hippocampus:** Der „Hüter der Erinnerung" – hier werden die Erinnerungen als Erfahrungen gesammelt und im Langzeitgedächtnis abgelegt.
- **Der präfrontale Cortex:** Der lebensgeschichtlich jüngste Teil des Hirns dient dazu, Modelle zu generieren, mit denen wir – bewusst oder unbewusst – Zukunft „errechnen" können.

Man könnte sagen, dass unsere Wahrnehmung der Welt selbst eine Prognose ist. **Wir sehen, was wir erwarten zu sehen.** Unsere Erfahrungs-Realität ist ein persönliches, subjektives Modell der Realität, die wir erzeugen – bewusst und unbewusst.
Futures, The journal of policy, planning and futures studies

Allerdings ist unser Prognosesystem anfällig. Erstens fälschen unsere Hirne Erinnerungen, um eine positive Bewertung der Gegenwart oder ein bestimmtes Bild der Zukunft zu bewahren. Zweitens neigen wir dazu, an einmal adaptierten Modellen festzuhalten, auch wenn sich die Umstände ändern. Drittens ist unsere Modellbildung **angstverschoben** – eine einstmals sinnvolle Adaption der Evolution, die sich aber in neuen, modernen Umwelten als problematisch erweisen kann.

Leonard Mlodinow. Subliminal: How Your Unconscious Mind Rules Your Behaviour; Vintage, 2013, S. 52: Remembering and Forgetting

„Die Angst lähmt nicht nur, sondern enthält die unendliche Möglichkeit des Könnens, die den Motor menschlicher Entwicklung bildet.“
Kierkegaard
Effective worrying focuses our attention on a genuine threat and leads to anticipating solutions.
Daniel Goleman

Die Funktion der Angst

Unser evolutionärer Instinkt

Wenn wir in die Zukunft schauen, bildet Angst den ersten Fokus. Denn es geht ja ums *Überleben*. Das ist der entscheidende anthropologische Vorteil unserer Spezies: **Wir können uns vor etwas fürchten, was noch nicht eingetreten ist.** Im Unterschied zur instinktiven Furcht der Tiere ist humane Angst ein **operatives** Gefühl. Angst ist die Basis unserer Kreativität, denn sie sucht nach Lösungen, die die Gefahrenquelle nicht nur meiden, sondern sie auch beseitigen können.

Angst ist, als molekulare Kaskaden-Reaktion, jedoch auch problematisch für das menschliche Hirn. Angst-Moleküle im Hirn beschleunigen das Denken – und „verflachen" es dabei gleichzeitig. Komplexe Sachverhalte lassen sich in Angstzuständen nicht mehr wahrnehmen. Chronische Angst führt zu einem **Zusammenbruch der kognitiven Funktionen** – das Resultat sind paranoide Zustände oder Verschwörungs-Weltbilder.

Angst ist also der größte Verbündete *und* größte Feind der Zukunft!

Definitionen von Angst:

Der Schwindel der Vernunft – *Søren Kierkegaard*

Die Magd der Kreativität – *T.S. Eliot*

Der Beginn des Bewusstseins – *Angela Carter*

Superbenzin für Erfolg – *Borwin Bandelow*

Richard J. Davidson. The Emotional Life of your Brain: How it's unique patterns affect the way you think, feel and live – and how you can change them; Plume, 2012

Confirmation Bias

Die Bestätigungs-Verzerrung

„Man hat nicht das Gefühl, etwas sei richtig, weil es wahr ist, sondern man glaubt, es sei wahr, weil es sich richtig anfühlt", formulierte William Morris. „Confirmation Bias" benennt jenen Effekt, bei dem Menschen alle Informationen, die ihren Zukunfts- und Weltmodellen widersprechen, einfach ausblenden.

Haben Sie schon einmal versucht, dem guten alten Freund, der seit Ihrer gemeinsamen Jugend immer noch heftig dem Cannabis zuneigt, eine Studie zu zeigen, in der nachgewiesen wurde, dass dauernder Cannabiskonsum zu Demenz und anderen psychischen Schäden führen kann? Haben Sie einen Terror-Islamisten schon einmal davon überzeugt, dass sein edler Koran sich nicht in seiner barbarischen Praxis widerspiegelt? Wenn man Gegnern und Befürwortern des freien Waffenbesitzes Studien und Gutachten vorlegt, die mit guten Argumenten teils für, teils gegen den Waffenbesitz sprechen, streiten die Anhänger der jeweiligen Meinung den Gegen-Studien einfach die Seriosität ab. **Diese müssen „gefälscht" sein!** Wenn dieser Selektionsprozess in einer Gruppe passiert, ist er noch stärker. Das Fachwort dafür ist „Homogenisieren". Genau das passiert in Konflikten, die sich zu Kriegen ausweiten.

„Confirmation Bias" erklärt auch die Begrenztheit von manchen *kollektiven* Techniken der Zukunftsforschung. „Crowd Predicting" zum Beispiel, eine Weiterentwicklung der Delphi-Methode, funktioniert nur sehr schlecht. Je mehr Menschen ihre Prognosen untereinander *kommunizieren*, desto mehr verstärkt sich der Confirmation-Bias-Effekt.

Wir glauben, was andere glauben – einfach so!

Selbstkonsistenz-Bias

Die Illusion, eine einzige Person zu sein

Unser Hirn hält uns in der Illusion der **inneren Konsistenz**. Wir glauben, als einheitliche Individuen zu handeln – mit einem klaren Wertekanon und einem konsistenten Weltbild. Evolutionär ist dieses Konsistenzempfinden sinnvoll – man sollte nicht angesichts eines angreifenden Säbelzahntigers ins Grübeln über innere Widersprüche geraten. Zahlreiche Studien und Untersuchungen zeigen jedoch, wie **paradox** wir uns im Alltagsleben verhalten. So wollen viele Menschen tolerant sein, aber lieber nicht mit Ausländern leben. Alle beanspruchen soziale Sicherheit, wollen aber den Staat klein halten. Wir pochen darauf, ökologisch verantwortlich zu agieren, beharren aber auf der unentwegten Verfügbarkeit billiger Waren. Diese Brüche in der inneren Konsistenz führen irgendwann zu **Notlügen über die Wirklichkeit**: Wir *delegieren* unsere inneren *Paradoxien* in **äußere Eindeutigkeiten** („Alle Politiker sind korrupt!" – „Die Ausländer/Amerikaner sind schuld" – „Der Kapitalismus verführt uns…").

Verschwörungstheorien sind Delegierungen innerer Widersprüche.

Gruppen, zu denen sich niemand zugehörig fühlt:
Hipster, Sextouristen, Jasager, schweigende Mehrheit, Ewiggestrige, Normalverdiener, Obrigkeitsgläubige.

Kriterien, nach denen wir gleichzeitig einkaufen und konsumieren:
Ökologisch, nachhaltig, preiswert, praktisch, fair, billig, praktisch, status-orientiert, vernünftig, qualitätsorientiert…

Margaret Heffernan. Wilful Blindness: Why we ignore the obvious at our peril; Simon & Schuster, New York, 2012

„Die Menschen regen sich nicht auf, weil etwas gefährlich ist; sie denken, dass etwas gefährlich ist, weil sie sich aufregen.“

Peter Sandmann, Risikoforscher

Availability Bias
Verfügbarkeits-Verzerrung

Wenn unser Hirn versucht, Phänomene in Bezug auf die Zukunft zu interpretieren, greift es auf „schnell erreichbare" Bilder zurück. Für unser Bewusstsein sind vor allem Bilder mit **drastischen und dramatischen Erregungen** schnell verfügbar. Deshalb assoziieren wir ständig Katastrophen, Feuersbrünste, Flugzeugabstürze, Zusammenbrüche mit der Zukunft. Oder aber ein anstrengungsfreies **Schlaraffenland**.

Die Availability Bias trägt zum globalen Terrorismus bei. Denn sie verleiht terroristischen Akten erst jenen Impact auf das kollektive Bewusstsein, das den „Terror" stark macht, wenn nicht sogar **ausmacht**. Die Wahrscheinlichkeit, durch Terrorismus zu sterben, liegt in Europa nach wie vor im Promillebereich. Aber unsere Aufmerksamkeit ist durch die drastischen Bilder ständig auf die Möglichkeit fixiert, selbst zum Opfer zu werden. Damit erreicht der Terrorismus seine enorme mentale Hebelwirkung. Terrorismus findet primär im Kopf statt!

Availability Bias hat auch einen Anteil an der Entdifferenzierung von Zukunftsprognosen. Als „Zukunft" gilt immer nur das Drastische, das Schrille oder Sensationelle oder das besonders Komfortable, „Automatische". Deshalb lassen sich Narrative der Zukunft so furchtbar leicht entlang des Kitsches, der Erlösungsphantasie oder der Apokalypse erzählen.

Daniel Kahneman. Schnelles Denken, Langsames Denken; Pantheon Verlag, 2014

Zukunftsfehler 1
Lineares Denken

Der häufigste Prognosefehler entsteht durch unsere Tendenz zur **linearen Modellbildung**. Wir isolieren einen bestimmten Trend, lösen ihn aus seinen systemischen Verbindungen – und bilden eine Erwartungslinie aus der Vergangenheit heraus. **Fertig ist die Zukunft!** *Ausgeblendet* werden dabei systemische Reaktionen auf dem Weg von B nach C. Diese bestehen in *Reaktionen* und *Adaptionen* – ökonomischen, sozialen, politischen Veränderungen, Handlungs-Aktivierungen, neuen Erkenntnissen, Erfindungen oder Systemen und/oder Veränderungen des Umfelds. Aber auch aus *Brüchen* und *Disruptionen*.

Linearität versetzt uns in eine Komfortzone. Mit einer linearen Vermutung erscheint Zukunft berechenbar und kontinuierlich. Das „Starren in den Zukunftstunnel" ist deshalb besonders verführerisch, wenn es sich um „gute Trends" handelt.
Wenn wir *linear* denken, vergessen wir, dass es in der Welt keine wirklich *isolierten* Phänomene gibt. Das Prinzip aller Veränderung ist dynamische Komplexität.
Jeder Trend beinhaltet Gegentrends, erzeugt „auf seinem Weg" Turbulenzen.
Diese Turbulenzen und Reaktionen zu sehen ist die Hauptaufgabe einer systemischen Futurologie!

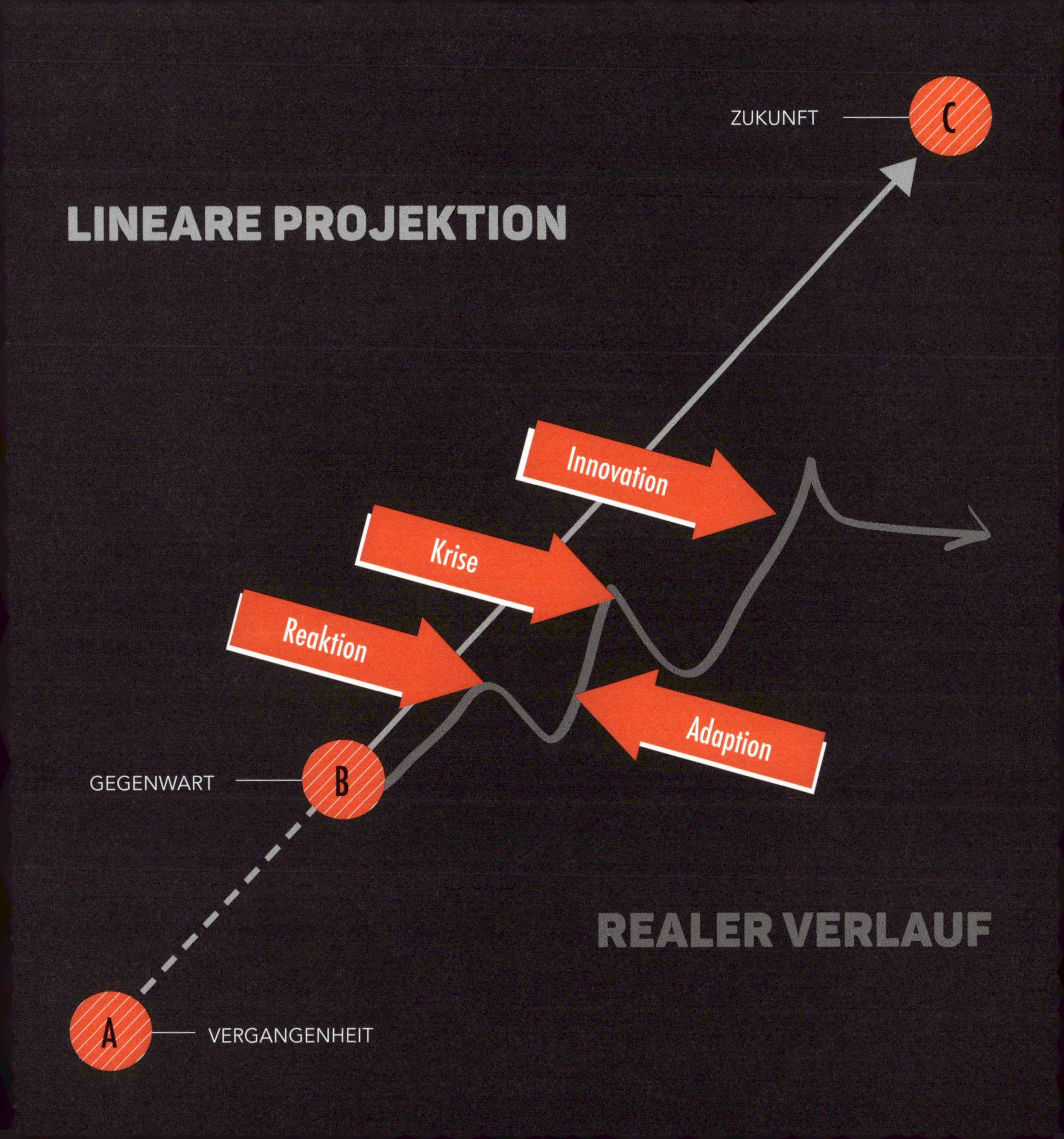

ZUKUNFT
C
LINEARE PROJEKTION
Innovation
Krise
Reaktion
Adaption
GEGENWART
B
REALER VERLAUF
A
VERGANGENHEIT

Sacher

Zukunftsfehler 2

Kuchendenken

Der zweite große Zukunftsfehler besteht in unserem Hang, die Welt in den Kategorien **endlicher Entitäten** zu sehen.
Unsere Ur-Vorfahren mussten in Kategorien der Knappheit funktionieren, um zu überleben. Die *Industriegesellschaft* hat die Grundlagen des Mangels jedoch auf den Kopf gestellt: Unser Problem ist heute meist ein *Übermaß*.
Im klassischen „Kuchen-Weltbild" wird argumentiert, dass gerade die „Verschwendung" zu kommenden Knappheiten, sprich Ressourcen-Katastrophen führt. Das ist der Kern des **negativ-ökologischen Denkens**. Aber weder Rohstoffe noch Energie werden jemals generell *knapp* werden (echte Knappheiten tauchen allenfalls in regionalen, zeitlich begrenzten Kontexten auf).

Als Grundregel in hochvernetzten Systemen gilt: **Aus vielen Spielen, Kooperationen und Korrektoren entstehen ständig akkumulierte Überschüsse!**
Im Ökonomischen wurde dieses Phänomen von Adam Smith erklärt, der nachwies, wie durch Arbeitsteilung eine Mehrung des gesamten Vermögens (Produktivitätsgewinn) folgt. Im Ökologischen zeigen neue Modelle der **intelligenten Verschwendung** und der **Cradle-to-Cradle-Ökonomie**, dass sich Ressourcen nicht erschöpfen müssen, sondern sich *mithilfe intelligenter Systeme* immer neu re-konfigurieren können. Solange wir über den Schlüsselfaktor *Energie* verfügen – etwa durch die unendliche Sonneneinstrahlung –, ist der Kuchen *tendenziell endlos*.

Versuchen Sie einmal so zu denken – merken Sie, wie schwer das ist? (Und dass es auf eine ganz spezifische Weise *Angst macht*?)

Zukunftsfehler 3

Mechanistisches Denken

Das Gehirn bevorzugt, wie es der Hirnforscher David DiSalvo ausdrückt, „eine Diät von Stabilität, Sicherheit und Konsistenz – und sieht alle Unvorhersagbarkeit, Unsicherheit und Instabilität als eine existenzielle Bedrohung an." David Hume bezeichnete Kausalität als „den Kitt unseres Denkens". Deshalb lieben wir *mechanische* Weltbilder und Korrelationen, in denen stringente **Kausalitätsketten** existieren. Das *ingenieurische* Denken, das sich im Zuge der Industrialisierung entwickelt hat, prägt unser gesamtes Zukunftsbild.

Im **ingenieurischen Denken** muss jedoch „demnächst" etwas kaputt gehen. Wenn man aus einer Maschine ein Teil – etwa ein Zahnrad – herausnimmt, wird sie in den meisten Fällen dysfunktional. In der rein mechanischen Welt gilt das „Gesetz der funktionalen Vollständigkeit". In einem komplex-organischen System hingegen gelten die Gesetze von **Emergenz und Adaptivität**. Natur – zum Beispiel – geht nicht leicht *kaputt*, wie es uns suggeriert wird.

Wir übertragen die Logik der Maschine auf die Natur – und produzieren auf diese Weise ständig Zukunftsfehler.
Die Erde ist kein Raumschiff. Ein Raumschiff wäre nämlich hermetisch vom Weltraum abgeschlossen. Und würde irgendwann „kaputtgehen." Dass die Erde kaputtgehen kann, ist eine Phantasie, die auf der Verwechslung mit einer Maschine beruht.

Die zwei Zukunfts-Hirne

Module des Denkens

Der berühmte Kognitionsforscher **Daniel Kahneman** hat zwei genuin unterschiedliche Denkweisen identifiziert. Er nennt sie „System 1" und „System 2". **System 1** ist unser „Spontan-Hirn", mit dem wir instinktiv unsere Umgebung nach Gefahren, Entwicklungen, Vorteilen, Möglichkeiten scannen – und daraus eine handlungsaktive Prognose erstellen. Dieses System arbeitet mit emotionaler Heuristik – mithilfe von Instinkten, groben Schätzungen und Emotionen. Es geht ums **spontane Überleben**, deshalb muss die Prognose nicht *genau*, sondern *wirksam* sein.

System 2 hingegen ist das rationale Hirn. Es ist in der Lage, komplexe Systeme abzubilden und in stochastischen (bezweifelbaren, „vermutbaren") Modellen zu denken. Dieses System kann Komplexität abbilden, reagiert aber weder schnell noch spontan. Es braucht Zeit und es ermüdet leicht. Kognitive Operationen im rationalen Hirn führen zu schnellem Abfall des Glukosespiegels in den Hirnzellen. Deshalb bekommen wir beim komplexen Denken leicht „Kopfweh". Konzentrierte Geistesarbeit lässt sich nur etwa 20 Minuten durchhalten, bevor wir wieder eine Pause machen müssen. Ein Effekt, den man auch **Ego-Depletion** – Ich-Erschöpfung – nennt.

Daniel Kahneman. Schnelles Denken, Langsames Denken; Pantheon Verlag, 2014

Das linear-naive Zukunftsdenken

Im „System 1“ denken wir über die Zukunft in *Sensationen* und *Bedrohungen*, aber auch in *Erlösungen*: wie ein Kind, das nach Spielzeug sucht. Was uns reizt, anregt, Angst macht, fasziniert uns und wird als Modell für die Zukunft angenommen. Typisch für dieses Denken ist die *Überbetonung* der Technik, die Betonung *einzelner* (nicht konnektiver) Trends, die Unfähigkeit, in dynamischen Zusammenhängen zu denken.

Das komplex-holistische Zukunftsdenken

Im „System 2“ hingegen sind wir in der Lage, reflexiv und *in Zusammenhängen* zu denken. Wir verstehen, dass Prozesse des Wandels nicht einfach nur aus der *Verlängerung des Vergangenen* entstehen. Wir sind in der Lage, unsere eigenen Motive – Ängste, Hoffnungen – reflexiv einzubeziehen. Wir verstehen den *narrativen Charakter* von Zukunfts-Aussagen. Wir akzeptieren den Zweifel als wesentliches Motiv für die Vorausschau.

„Wenn wir das Universum teilen in Dinge, die linear sind und solche, die nicht linear sind, ist das genauso, als teilten wir die Welt in Dinge, die Bananen sind und welche, die keine Bananen sind. Viele Dinge sind keine Bananen."

Giulio Boccaletti, Physiker

VORSICHT, TREND!

VOM RICHTIGEN UMGANG MIT WANDELWÖRTERN

> „What I do is pattern recognition. I try to recognize the pattern before anyone else does.“

Cayce Pollard, Protagonistin von William Gibsons Roman „Pattern Recognition“

Was, zum Teufel, ist ein „Trend“?

Über einen schwierigen Begriff

Der Begriff *Trend* stammt ursprünglich aus der Buchhaltung: Man bezeichnete damit früher schlichtweg die Richtung einer Zahlenreihe. Seit den 90er Jahren hat sich der Begriff jedoch zu einer vielfältig eingesetzten Metapher entwickelt. Trends durchdringen den medialen Diskurs. Sie bilden eine eigene Sprachwelt, einen eigenen *Mythos*. Ihr Spektrum reicht von der Beschreibung sehr subjektiver Stilformen bis zu ökonomischen Diskursen. Trends und Trendbehauptungen sind überall *billig zu haben*.

Aber Vorsicht!

- Trends sind selten „unschuldig“: Mit ihnen werden *fast immer* bestimmte **Intentionen** verfolgt.
- Trends sind oft **Reduktionen** von Prozessen. Sie reduzieren Komplexität auf eine *lineare* Funktion.
- Mit Trendbegriffen sind oft **manipulative Strategien** verbunden. Durch Trendbehauptungen wird oft ein **opportunistischer Effekt** erzeugt: Wer „im Trend liegt“, grenzt sich von anderen ab und reklamiert gleichzeitig **Deutungsmacht**.
- Trends sind **Erzählungen** – verbale „Meme“, die sich in unseren Köpfen fortpflanzen. Worte, die gut klingen, haben eine ansteckende Wirkung. Auch wenn sie unsinnig oder vollkommen hohl sind.

Dies sind einige der Trends von **Trendwatching.com**, einer Plattform für Konsumtrends. Was *sehen* Sie hier? Prozesse, die neu und unerwartet sind? Hilfsmittel zum Neudenken? Womöglich handelt es sich nur um eine eigene Marketing-Grammatik, eine autonome Sprache des Konsums. Trends, die sich selbst verkaufen als Beratungsdienstleistung und verführerische Poesie. Das heißt nicht, dass diese Trends „falsch" sind. Wichtig ist aber, in welchem Kontext sie entstanden sind. Und was sie intendieren.

Print Plus

Branded Content

Surrounding Interfaces

Phygital Objects

Appspertise

Flawsome

Econvenience

WAS IST EIN TREND?

Bricks und Clicks

Prosuming

Sympathetic Pricing

Augmented Pornality

Myciatry

Featured Innovation

Pretail

Guilt Free Status

Appscriptions

Happy Spotting

Esurance

Moreism

Instant Skills

Active Engagement

Context Awareness

Post Ownership

Rewarded Activities

Gravanity

Branded Government

Localizasian

Life Caching

Crowd Comfort

Data Mining

Fair Splitting

Fast Laning

Full Frontal

WAS IST EIN HYPE?

Ambient Touchpoints

Robolove

Hesitism

Currencies of Change

Post-Demographic

Brand Stands

Innovation Celebration

Teenpreneurs

Consumerism

Erasable Me

Die Macht der Worte

Trendnarrationen überall

> ” Wer einen Hammer in der Hand hält, für den ist die ganze Welt ein Nagel.Wer einen Trend im Kopf hat, für den fährt die ganze Welt in eine Richtung. “
>
> **Roman Tschäppeler**

Roman Tschäppeler, ein Schweizer Systemdenker und „Kaospilot", hat ein witziges Würfelspiel erfunden: *REMIX/DEMIX*. Die typischen Endungen und Silben der Trendsprache brachte er auf die Flächen von 40 Würfeln. Nun gibt erstaunlicherweise fast *jede* der möglichen Kombinationen einen Trend-Sinn:

- Moral Mania Clash
- Heavy Drone-Onomy
- Natural Artificial Meat
- De-Green-Ing...

Zu jedem Begriff kann unser Hirn sofort eine *Narration* liefern – eine bildliche Umsetzung, eine *Assoziation*. Mit dem Trendwürfelspiel enthüllt sich der **autopoetische** Aspekt von Trendwörtern: „Smarte Worte" können eine eigene Realität in unserem Kopf erzeugen, ein eigenes *Konnektom*. Sie erzeugen ein **narratives Feld**, in dem wir unsere Wahrnehmungen im Sinne der Confirmation Bias selektieren.

http://www.remixdemix.com

MARKET
HUMAN
-ISM
3D-
NEW
HACK
CULTURE
BIO-
MOBILE
DE-
LIQUID
TRANSPORT
PRIVACY
-AHOLIC
FORM
HOLLYWOOD
-ED
BLACK
SOCIETY
CODE
SALTY
CLASH
-OCRACY
MULTI-
TRADITION
SOFT
SAD
?
MIX
!
APP
GENDER
EXCESS
-
PORN
BODY
PUBLIC
COMPULSIVE
LOW

-ING
ARTIFICIAL
HAPPY
NON-
DRUG
PLASTIC
SHOW
PRIVACY
NANO-
NATURAL
-AHOLIC
NEW
HOLLYWOOD
-ED
BLACK
!
ANARCHY
-OCRACY
MULTI-
TRADITION
SOFT
SALTY
SOURCE
PLAY
RE-
APP
MARKET
GENDER
EXCESS
-
PORN
PUBLIC
=
COMPULSIVE
LOW
CULTURE

Trends sind korrumpierbar!

Denken Sie an die Interessen

Schauen Sie genau auf den Absender einer „Trendprognose". Fast alle *Trendverkündungen* dienen *kommunikativen* Zwecken – die Aussage findet im Kontext von **Verkaufsintentionen** statt!

Beispiele:

- Der angestellte Zukunftsforscher bei einem großen europäischen Telekommunikationskonzern veröffentlicht ständig neue Studien, in denen der **„Always-Online"**-Lebensstil gepredigt wird, bis hin zu Hirnimplantaten, mit denen die Menschen in Zukunft „ständig online" kommunizieren werden.
- Der Autokonzern veröffentlicht über seine „Visionsabteilung" ständig neue Szenarien zur Zukunft beschleunigter, vernetzter, superfantastischer Mobilität.
- Die Studie **„Zukunft der Diabetes"** prognostiziert zehn Millionen Diabetesfälle in Deutschland 2020. Auftraggeber ist die „Deutsche Stiftung Diabetesvorsorge", die wiederum vom Verband der forschenden Pharmaindustrie unterstützt wird.
- Der Bundessozialverband prognostiziert 15 Millionen verarmte Kinder bis zum Jahr 2015.
- David Orrell schildert in seinem Buch **„The Future of Everything"** einen Vorfall am IIASA, bei dem eine Studie zur Zukunft des Energieverbrauchs der Menschheit im Sinne der Kernenergie manipuliert wurde (Orrell, The Future of Everything – The Science of Prediction, S. 9ff).

Achtung! Trends sind käuflich! Aber selbst wenn kein unmittelbares geldliches Interesse dahintersteckt, werden sie leicht zweckentfremdet – im Sinne von Aufmerksamkeits- und Erregungs-Operationen.

MONOPOLY
Corruption makes the world go round.

Die Gefahren der Trendgläubigkeit

TREND-HYPING

Die Überschätzung und Überzeichnung von marginalen Mikro-Trends und ihre Aufbauschung zur großen Welterklärung.

TRENDING

Das Produzieren unendlich vieler Trends – mit dem Versuch der Verwirrung der Kunden. Alles hip, cool, angesagt und „im Trend", also *unbedingt kaufen*!

TREND-WASHING

Die Nutzung von Trendbegriffen als reine Oberflächen-Hülsen – zur Vortäuschung falscher Tatsachen. Beispiel: *Nachhaltigkeit.*

TREND-OPPORTUNISMUS

Der blinde Glauben an erwünschte Trends. Wir richten uns nach dem, was alle anderen sagen. Klingt auch so schön! Beispiel: *Wellness.*

Selfness

Flexicurity

OMLINE

„Manchmal führt einfach die Erfindung eines
guten Namens für ein Phänomen dazu, dass wir die Wirklichkeit
so lange in unserem Kopf herumdrehen,
bis wir sie verstehen.“

Daniel Dennett

Warum Trendwörter trotzdem Sinn machen

Reflexionen im Hirn

Und dennoch haben Trendbegriffe einen *produktiven Sinn*! – Wenn wir sie richtig einsetzen. Schauen Sie sich die gegenüberliegenden Begriffe einige Sekunden an. *Meditieren Sie darüber*! Was passiert in Ihrem Kopf?

- **Selfness** spielt mit dem Begriff Wellness und führt ihn in einer höhere Komplexitätsstufe: Bei *echter* Wellness geht es um Selbstwirksamkeit und Achtsamkeit.

- **Flexicurity** ist eine Kombination von *Flexibilität* und *Sicherheit* (Security). Der Begriff wird in Skandinavien für eine dynamische, am Individuum und seinen Talenten (statt am „Arbeitsplatz") orientierte Beschäftigungsstrategie genutzt.

- **Omline** erzeugt, wenn man es sich „auf der Zunge zergehen lässt", eine interessante kognitive Dissonanz. Das Wort kombiniert das „OM" der Meditation mit dem „-line" für die vernetzte Gesellschaft.

Gute Trendwörter besetzen **semantische Leerstellen** in unserer Wahrnehmung – sie können uns helfen, evolutionär und in **Symbiosen** zu denken!

Wie man Trends unterscheidet

Die Kategorien des Wandels

Um Trends zu beurteilen, müssen wir sie zuerst *in die richtige Ebenen-Kategorie einordnen:*

- **Mode-Trends** haben nur eine kurze Dauer. Sie verlaufen in den „Oberflächenwirbeln" der Gesellschaft. Sie sind nichts anderes als „gemachte Formen". Wir nennen sie auch „Trend-Trends".

- **Mikrotrends:** Kleine, symbolische Beispiele oder Ereignisse für ein neues Lebensgefühl, ein neues Marktsegment oder eine neue Produktkategorie.

- **Soziotrends** sind mittelfristige Trends, die im Kontext von Lebensstilen und Wertewandelprozessen stehen und *immer* eine statistische Grundlage haben müssen.

- **Technotrends** handeln von den grundsätzlichen Technologie- und Innovationsschüben.

- **Megatrends** sind die langfristigen, komplexen, robusten, „nachhaltigen" Trends (z.B. Globalisierung, Feminisierung, Alterung, Mobilität...).

- **Meta-Trends** sind jene überzeitlichen „Weltprinzipien", die in der Evolution wie in der Menschenwelt dauerhaft Gültigkeit haben. Etwa Konnektivität und *Komplexität.*

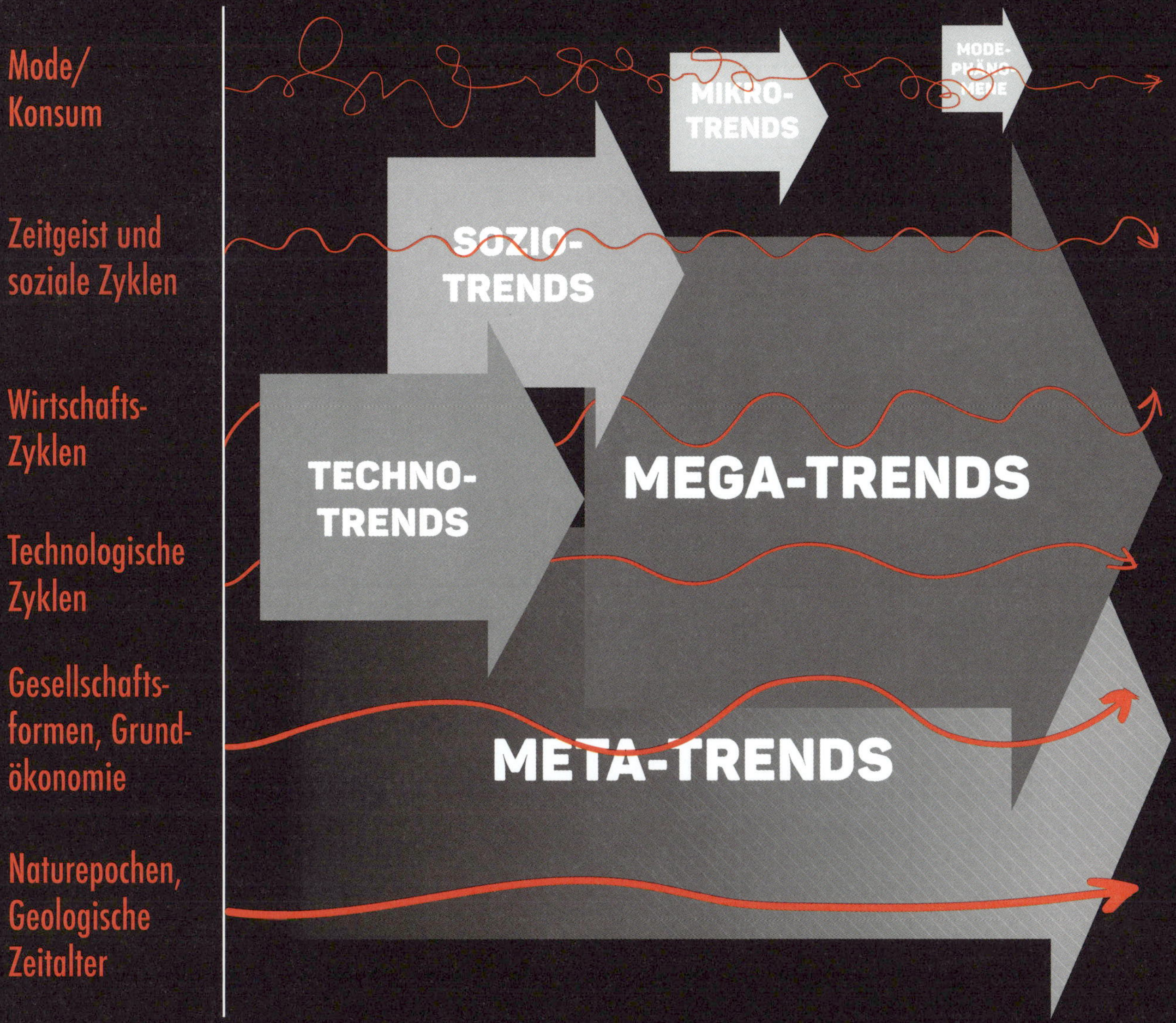
Mode/
Konsum
Zeitgeist und
soziale Zyklen
Wirtschafts-
Zyklen
Technologische
Zyklen
Gesellschafts-
formen, Grund-
ökonomie
Naturepochen,
Geologische
Zeitalter
MODE-
MIKRO-
TRENDS
SOZIO-
TRENDS
TECHNO-
TRENDS
MEGA-TRENDS
META-TRENDS

Wie man Trends verbindet

Das Netzwerk der Veränderung

Wenn wir sinnvoll mit Trends umgehen wollen, müssen wir sie im *Kontext* sehen und bewerten. Das ist der Grund dafür, warum das *Zukunftsinstitut* im Jahr 2010 die **Megatrend-Map** veröffentlicht hat. Eine Landkarte von Trendphänomenen, in der die *Konnektome* zwischen den Veränderungen sichtbar werden sollen. Die Kreuzungen und „Umsteigebahnhöfe" symbolisieren die Resonanzen zwischen verschiedenen Veränderungsprozessen.

Man darf die Megatrend-Map nicht als „finale" Landkarte lesen – als statische Eins-zu-Eins-Repräsentation aller jemals vorhandenen Trends. Vielmehr ist sie als eine Art **Werk des Werdens** zu verstehen. Es geht darum, die Linearität von Trendbehauptungen zu durchbrechen – und in Zusammenhängen zu denken.

Download unter: www.trend-update.de/wp-content/uploads/2011/08/Megatrend_Map3.0.pdf

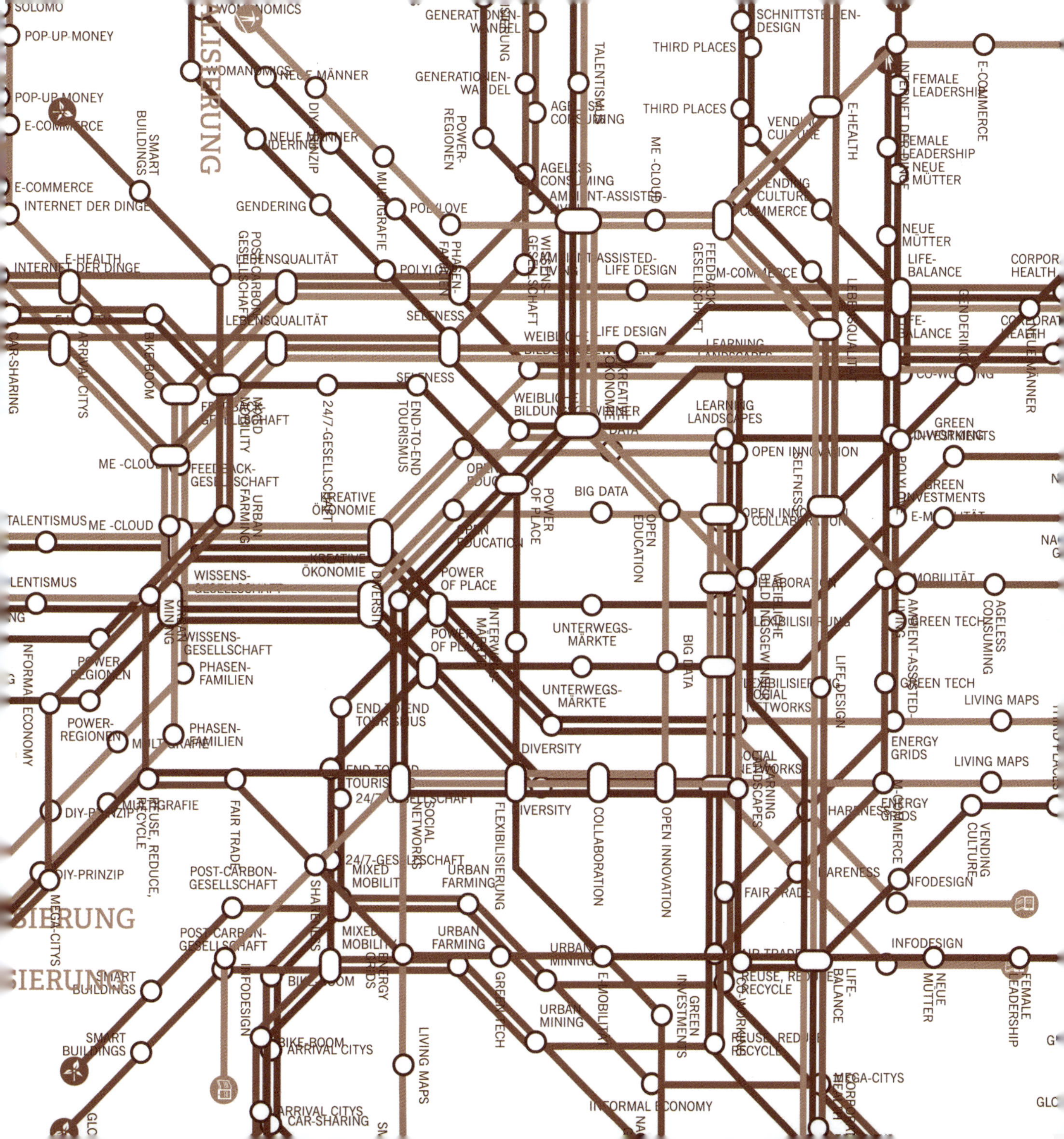

SOLOMO
POP-UP-MONEY
POP-UP-MONEY
E-COMMERCE
E-COMMERCE
INTERNET DER DINGE
INTERNET DER DINGE
E-HEALTH
SMART BUILDINGS
WOMANOMICS
NEUE MÄNNER
GENDERING
POLYLOVE
POLYLOVE
MULTIGRAFIE
GENERATIONEN-WANDEL
GENERATIONEN-WANDEL
POWER-REGIONEN
TALENTISMUS
AGELESS CONSUMING
AMBIENT-ASSISTED-LIVING
AMBIENT-ASSISTED-LIFE DESIGN
ME -CLOUD
THIRD PLACES
THIRD PLACES
SCHNITTSTELLEN-DESIGN
VENDING CULTURE
M-COMMERCE
FEEDBACK-GESELLSCHAFT
E-HEALTH
FEMALE LEADERSHIP
FEMALE LEADERSHIP
NEUE MÜTTER
NEUE MÜTTER
LIFE-BALANCE
LIFE-BALANCE
CORPORATE HEALTH
E-COMMERCE
LEBENSQUALITÄT
LEBENSQUALITÄT
SELFNESS
SELFNESS
WEIBLICHE BILDUNGSGEWINNER
LIFE DESIGN
LEARNING LANDSCAPES
GENDERING
CO-WORKING
NEUE MÄNNER
CAR-SHARING
ARRIVAL CITYS
BIKE BOOM
FEEDBACK-GESELLSCHAFT
MIXED MOBILITY
24/7-GESELLSCHAFT
END-TO-END TOURISMUS
KREATIVE ÖKONOMIE
BIG DATA
GREEN INVESTMENTS
ME -CLOUD
FEEDBACK-GESELLSCHAFT
URBAN FARMING
KREATIVE ÖKONOMIE
OPEN EDUCATION
POWER OF PLACE
BIG DATA
OPEN EDUCATION
OPEN INNOVATION
OPEN INNOVATION
COLLABORATION
GREEN INVESTMENTS
E-MOBILITÄT
TALENTISMUS
ME -CLOUD
TALENTISMUS
WISSENS-GESELLSCHAFT
KREATIVE ÖKONOMIE
POWER OF PLACE
DIVERSITY
MOBILITÄT
AGELESS CONSUMING
URBAN MINING
WISSENS-GESELLSCHAFT
UNTERWEGS-MÄRKTE
FLEXIBILISIERUNG
GREEN TECH
POWER-REGIONEN
PHASEN-FAMILIEN
INFORMAL ECONOMY
UNTERWEGS-MÄRKTE
BIG DATA
FLEXIBILISIERUNG
SOCIAL NETWORKS
GREEN TECH
LIVING MAPS
POWER-REGIONEN
MULTIGRAFIE
PHASEN-FAMILIEN
END-TO-END TOURISMUS
DIVERSITY
ENERGY GRIDS
LIVING MAPS
SOCIAL NETWORKS
DIY-PRINZIP
MULTIGRAFIE
REUSE, REDUCE, RECYCLE
FAIR TRADE
24/7-GESELLSCHAFT
SOCIAL NETWORKS
FLEXIBILISIERUNG
DIVERSITY
COLLABORATION
OPEN INNOVATION
LEARNING LANDSCAPES
SHARENESS
ENERGY GRIDS
M-COMMERCE
VENDING CULTURE
DIY-PRINZIP
POST-CARBON-GESELLSCHAFT
24/7-GESELLSCHAFT
MIXED MOBILITY
URBAN FARMING
SHAREWARE
FAIR TRADE
INFODESIGN
MEGA-CITYS
SIERUNG
POST-CARBON-GESELLSCHAFT
MIXED MOBILITY
URBAN FARMING
ENERGY GRIDS
URBAN MINING
INFODESIGN
SIERUNG
SMART BUILDINGS
INFODESIGN
BIKE BOOM
GREEN TECH
E-MOBILITÄT
GREEN INVESTMENTS
REUSE, REDUCE, RECYCLE
CO-WORKING
LIFE-BALANCE
NEUE MÜTTER
FEMALE LEADERSHIP
SMART BUILDINGS
BIKE BOOM
ARRIVAL CITYS
LIVING MAPS
URBAN MINING
REUSE, REDUCE, RECYCLE
MEGA-CITYS
ARRIVAL CITYS
CAR-SHARING
INFORMAL ECONOMY

Unterscheiden Sie die zwei

Um die kognitiven Instrumente der Prognostik genauer zu beleuchten, müssen wir zunächst zwei Grundformen *trennen*. **Trendforschung** ist eine Disziplin, die sich den gesellschaftlichen **Phänomenen** und **Zeichensystemen** widmet. Als Trendforscher braucht man Gefühl, Instinkt, eine schnelle, auch emotionale Auffassungsgabe. Man „scannt" die gesellschaftlichen Oberflächen. Man *sucht nach wiederkehrenden Mustern*. Trendforschung hat durchaus etwas *Subjektives* – und soll es auch haben.

Im Gegensatz dazu ist die **Zukunftsforschung** auf abstrakte und systemische Erkenntnisse angewiesen. Es geht ihr weniger darum, einen narrativen **Effekt** zu erzielen, als ein grundlegendes **Verständnis** zu erlangen. Zukunftsforschung verbindet die Teilwissenschaften der Prognostik und „Kognistik" zu einem Gesamtsystem.

Trendforschung (die, f)

ist eine Sozial- und Kulturdisziplin, die sich mit dem Wandel von Zeichen- und Kultursystemen besonders in Bezug auf Marketing- und Innovationsprozesse beschäftigt.

Grunddisziplinen der Prognostik!

Zukunftsforschung (die, f)

ist eine Systemwissenschaft, die sich mit langfristigen Veränderungen sowie deren Implikationen für politische und wirtschaftliche Prozesse befasst.

Trend- und Zukunftsforschung sind wie zwei sich ergänzende Partner, die aber auch gerne streiten. Trendforschung muss anregen, erzählen und inspirieren. Zukunftsforschung soll verbinden, erweitern und analysieren. Trendforschung sucht das Spektakuläre, Poetische, Ästhetische, Zukunftsforschung das Prozessuale. Trendforschung ist eine **poetische Disziplin**, Zukunftsforschung eine **systemische Wissenschaft**. Trendforschung *darf* nicht „politisch" sein (obwohl sie es oft unbewusst ist). Zukunftsforschung hat immer einen politischen Effekt, denn es geht um die drei P:

„The Possible, the Probable, and the Preferable."

„A trend is a trend is a trend
But the question is –
will it bend?
Will it alter its course
through some unforeseen force
and come to a
premature end?“
Alexander Cairncross

Der Unterschied der Disziplinen

TRENDFORSCHUNG	vs.	ZUKUNFTSFORSCHUNG
Marketing-orientiert		Management und Politik
untersucht eher kurzfristige Trends in der Gegenwart		orientiert sich an MEGA- und META-Trends
journalistische Methoden		systematische Methoden
zielt auf Handlungs-anweisungen und Anregungen		nutzt Modellbildung für Systemverständnis
agiert operativ		wirkt reflexiv
wirkt diagnostisch		denkt prognostisch
will Innovation		sucht Transformation

Trend und System gehören zusammen!

Ein ganzheitliches Modell

Trend agiert

In einer bestimmten Betrachtung sind Trends **Ausgleichsprozesse zwischen Systemen** – wie der Wind den Druckausgleich zwischen Hoch- und Tiefdruckgebieten vollzieht, gleichen Trends *Spannungen* zwischen kulturellen, sozialen, ökonomischen Systemen aus.

Wir können Trends aber auch als **Irritationen** oder **Stressoren** verstehen, die ein System anregen, sich zu verändern. Das gilt besonders für Megatrends: Die *Feminisierung* irritiert das vorhandene Gender-System. *Globalisierung* stresst das lokale Business. *Technologie* und *Konnektivität* irritieren alte Wertschöpfungsmodelle. Im weiteren Verlauf kommt es zu einer *Re-Konfiguration* des Systems, auf das der Trend einwirkt. Das System *lernt oder scheitert*. Aber wie?

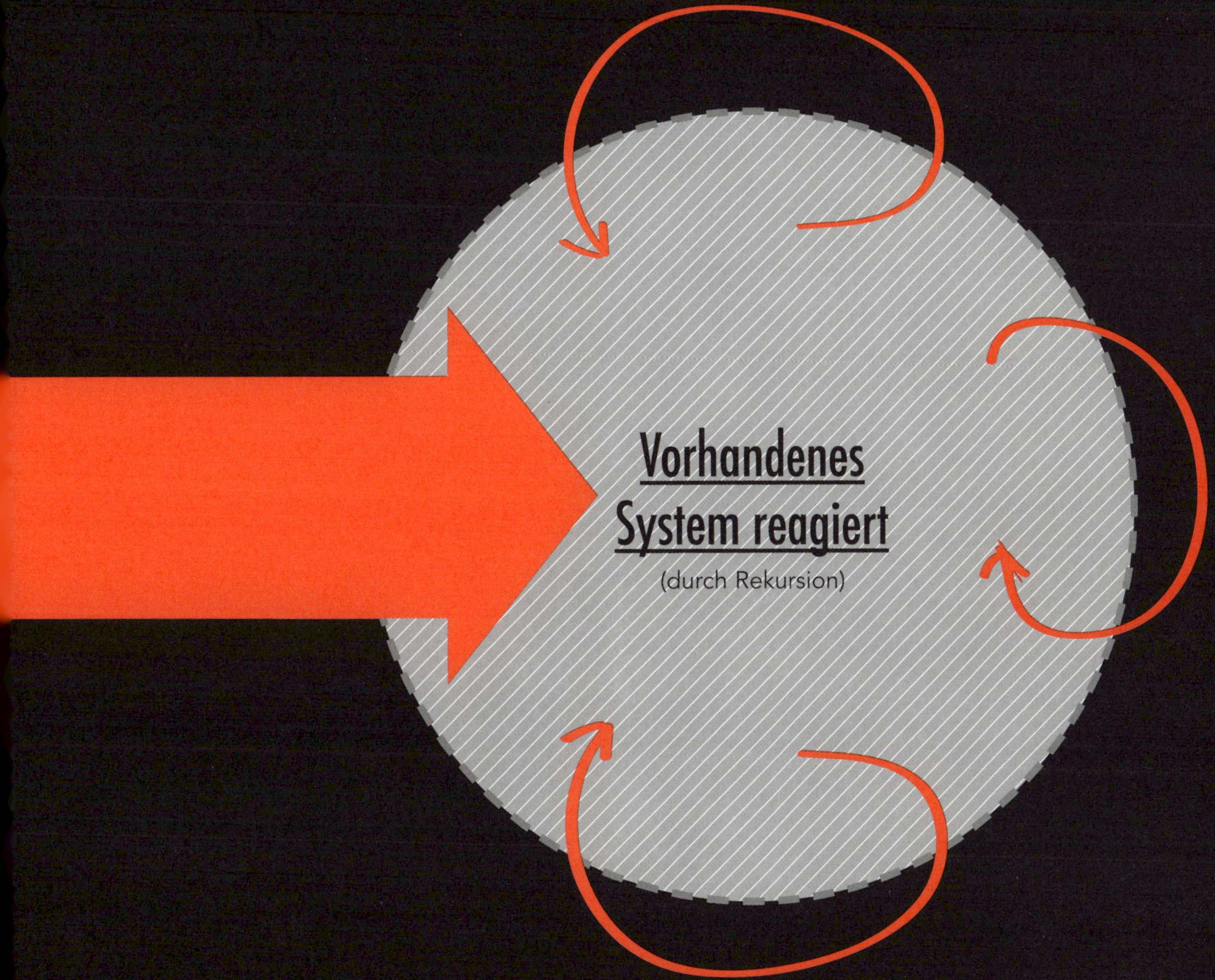
Vorhandenes
System reagiert
(durch Rekursion)

DIE TRENDREKURSION

WIE WIR NICHT-LINEARITÄT BESSER VERSTEHEN KÖNNEN

Trend und Gegentrend

Wie Dynamik entsteht

Zu jedem Trend gehört ein *Gegentrend*, der ihm zuwiderläuft. Denn wie gesagt – jeder Trend bildet auch eine *Störung* im System, auf das er einwirkt.

- Die Globalisierung erzeugt einen Reflex zum Lokalen, zur Heimat, zur Identität, zur kulturellen Eindeutigkeit.
- Die Konnektivität lässt uns von „Offline" träumen, von Autonomie und Eindeutigkeit (Authentizität).
- Die Alterung erzeugt eine Verjüngung in den Lebensphasen, das sogenannte „Downaging".
- Die Individualisierung führt zu einer neuen Suche nach Gemeinschaft.
- Der Megatrend Frauen führt bei Männern *und* Frauen zu Identitätskrisen – und damit zu einer Suche nach neuen Geschlechteridentitäten.

Im Zusammenlaufen von Trend und Gegentrend entsteht eine neue Spannung, die entweder als **Katharsis** oder als **Regression** enden kann. Oder – durch einen rekursiven Prozess – in eine nächste Stufe mündet: eine **Synthese**.

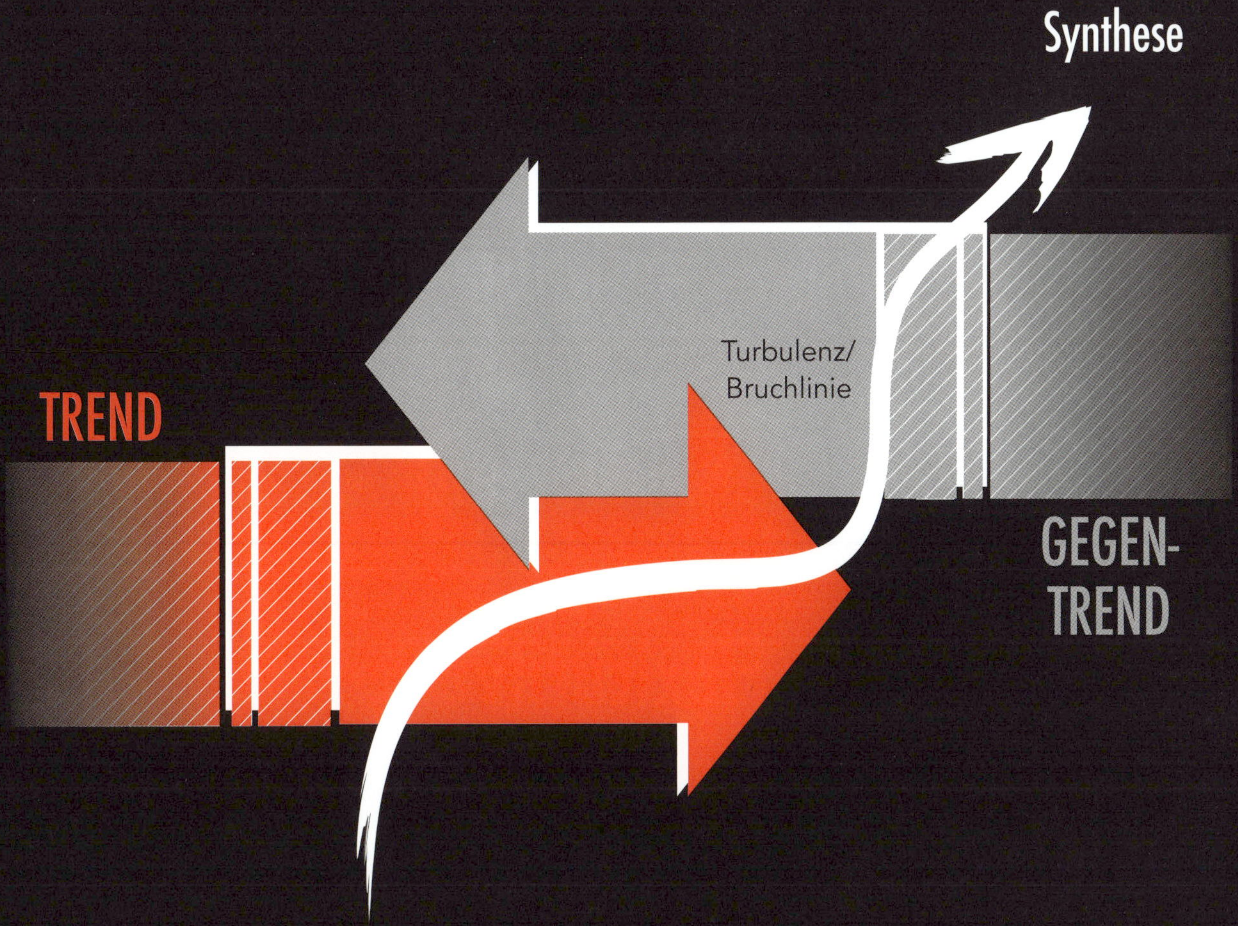

Synthese
Turbulenz/
Bruchlinie
TREND
GEGEN-
TREND

Freemium

Prosumer

Coopetition

Glokalisierung

Flexicurity

RealDigital

Downaging

Das Hybrid-Prinzip

Synthesen der Zukunft

Freemium: In einer übersaturierten Konsumgesellschaft werden zunehmend Produkte *umsonst* verteilt, um dann an einem elitären Kundenbindungssystem zu verdienen.

Prosumer: Kunden sind heute hoch informiert, sie zeigen sich zunehmend auch als Produzenten, zum Beispiel in der „Share Economy".

Coopetition: In überkonkurrenten Marktfeldern beginnen Konkurrenten, miteinander zu kooperieren, um zu überleben. Beispiel: die Plattform-Politik von Autofirmen, das Teilen von High-Tech-Laboren in der Pharmaforschung.

Flexicurity: Die (Re-)Kombination von Sicherheit und Flexibilität in pro-aktiven Arbeitsprogrammen. Der Begriff wird vor allem in Skandinavien eingesetzt, wo es wenig Kündigungsschutz, aber viel effektives Jobtraining gibt.

Downaging: Während unsere Lebensspanne sich erweitert – und wir „altern" –, werden wir subjektiv in jeder Lebensphase jünger.

GloKALisierung: In einer globalen Welt wird das Regionale immer mehr zum Bezugspunkt. Im Politischen: Weil Nationalstaaten an Einfluss verlieren. In der Ernährung: Weil ich wissen will, woher mein Essen stammt. Im Ökonomischen: Weil sich die gespreizten Wertschöpfungsketten quer über den Planeten ökonomisch immer weniger lohnen.

REALdigital: Was kommt nach dem Digitalen? Werden wir für immer auf Bildschirme starren? Wann geht uns die ewige *VerAPPung* der Welt endgültig auf die Nerven? In der nächsten Phase wird eine Technologie entstehen, die unseren sinnlichen Hang mit den Vorteilen des Digitalen (re-)kombiniert.

Die „seltsamen Schleifen"

Das Rekursionsprinzip

Der wirkliche Trendverlauf folgt einer **Resonanzschleife**. **Ein Trend erschöpft sich irgendwann – und führt zu Gegenreaktionen.** Sein Impuls sinkt ab, es kommt zum Zerfall der Dynamik. Aber der ursprüngliche Impuls ist nicht einfach verschwunden – das System, in dem sich der Trend bewegt, beginnt vielmehr zu *reagieren*.

Wenn Menschen *immer älter werden*, werden sie gleichzeitig subjektiv *jünger*. Dieser **Downaging-Effekt** findet statt, wenn sich die biographischen Muster ändern. Wir wissen aus der Altersforschung, dass heute das *subjektive Alter* der Menschen etwa sieben Jahre unterhalb der letzten Generation liegt. 50-Jährige sind so fit wie 43-Jährige vor 30 Jahren.

Der Trend „Alterung" erzeugt den Gegentrend „subjektive Verjüngung"; daraus entsteht der Downaging-Effekt.

Das System springt auf eine höhere Stufe, in der *vorherige Widersprüche vereint werden*. **Und genau so entsteht Zukunft – im Sinne von Fortschritt!**

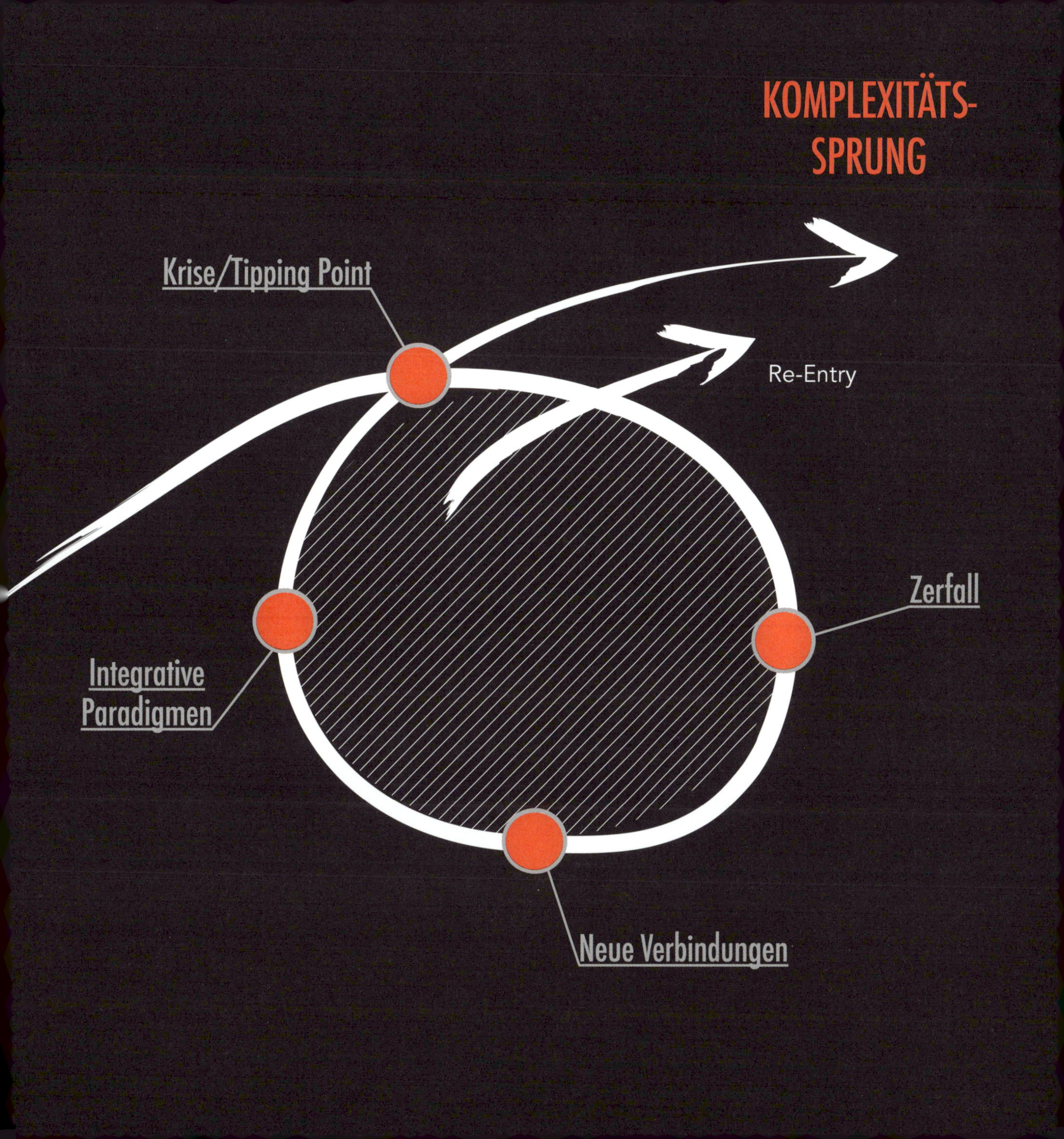
KOMPLEXITÄTS-
SPRUNG
Krise/Tipping Point
Re-Entry
Zerfall
Integrative
Paradigmen
Neue Verbindungen

Die Rekursion des Internet

Nichts verläuft linear!

DIGITALISIERUNG

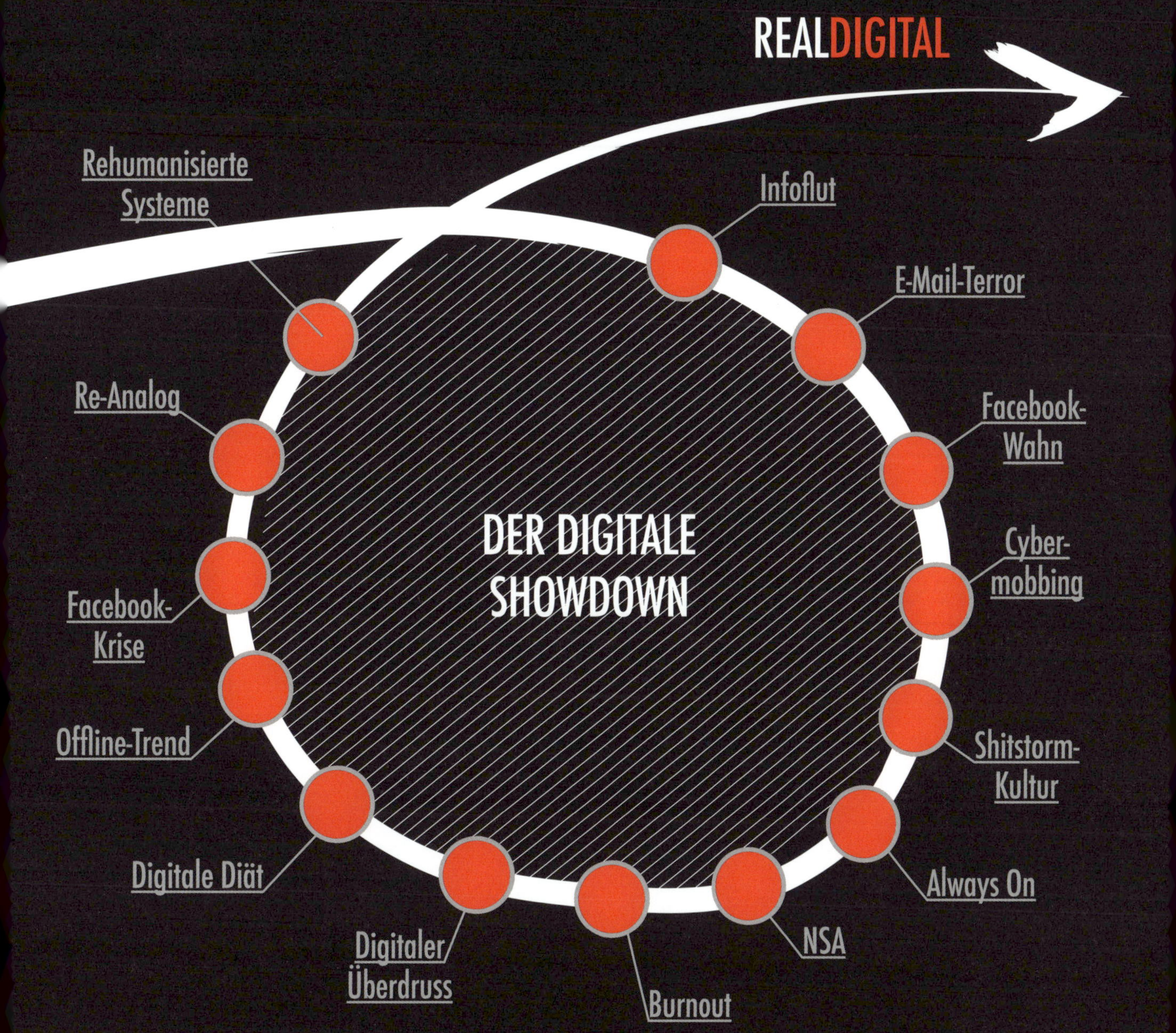
REALDIGITAL
DER DIGITALE SHOWDOWN
Infoflut
E-Mail-Terror
Facebook-Wahn
Cyber-mobbing
Shitstorm-Kultur
Always On
NSA
Burnout
Digitaler Überdruss
Digitale Diät
Offline-Trend
Facebook-Krise
Re-Analog
Rehumanisierte Systeme

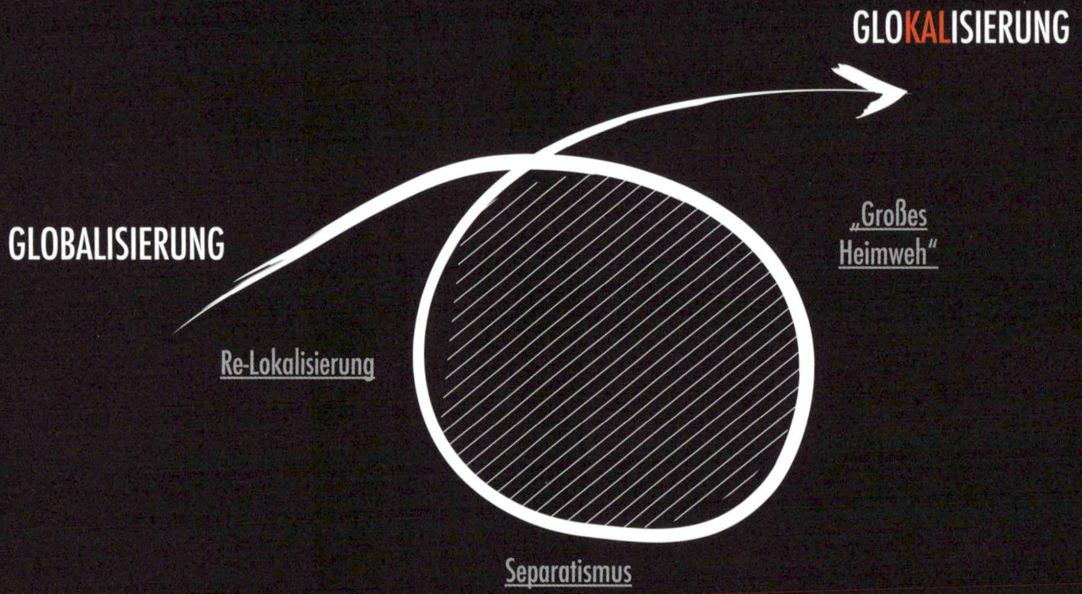
GLOKALISIERUNG
GLOBALISIERUNG
„Großes Heimweh"
Re-Lokalisierung
Separatismus

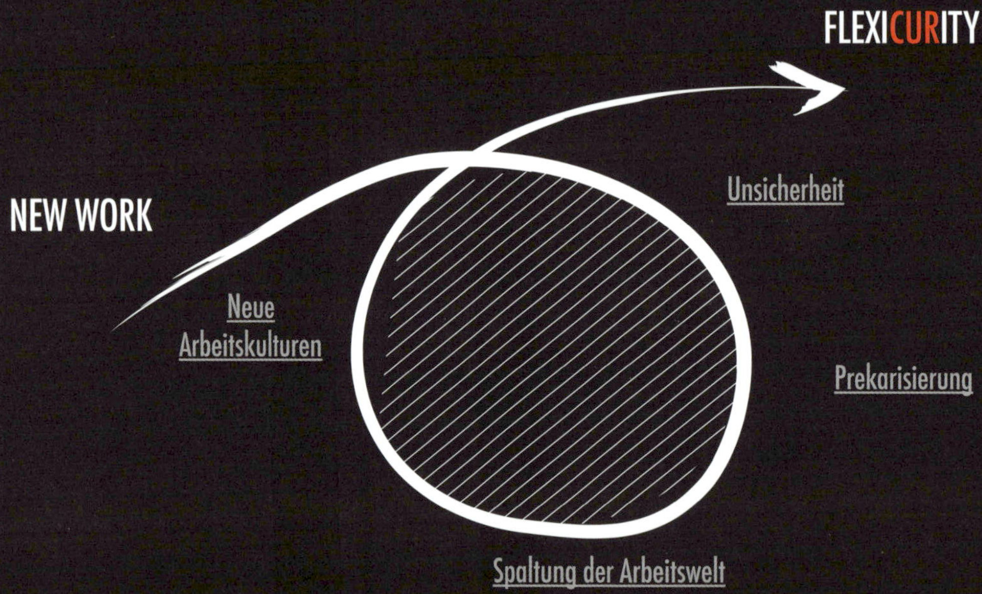
FLEXICURITY
NEW WORK
Unsicherheit
Neue Arbeitskulturen
Prekarisierung
Spaltung der Arbeitswelt

DIE INTEGRIERTE PROGNOSTIK

> Man sagt, das letzte Jahrhundert sei das Jahrhundert der Physik gewesen und das kommende werde eines der Biologie. Ich möchte dem widersprechen und behaupten, dass wir an der Schwelle eines Jahrhunderts der Vereinigung aller Naturwissenschaften stehen.

David B. Agus, Leben ohne Krankheit

Komplexes Denken für eine komplexe Welt

Die Multi-Disziplin

> „Die Welt ist ein reichhaltiges, vielgestaltiges, verwobenes Gefüge aus vielen Erklärungen und Erklärungsebenen, die integriert werden müssen, um zur Grundlage für effiziente Voraussagen und Handlungen zu werden."
>
> **Sandra Mitchell**

Wenn wir die Zukunft verstehen wollen, müssen wir das Phänomen der **Komplexität** auf neue Weise verstehen lernen. Dies ist mit einer einzigen Wissenschaftsdisziplin nicht möglich. Zwar müssen klassische Disziplinen wie Ökonomie oder Soziologie in prognostischen Versuchen eine Rolle spielen. Sie reichen aber nicht aus, um eine echte „Wandlungs-Wissenschaft" auf der Höhe der Zeit zu generieren.

Die Wissenschaftstheoretikerin Sandra Mitchell vertritt in ihrem Buch „Komplexitäten: Warum wir erst anfangen, die Welt zu verstehen" die These, dass die Wissenschaften sich heute an einem Scheideweg befinden, weil sie in ihrer Spezialisierung die Komplexität der Welt nicht angemessen abbilden können. Dies trifft umso mehr zu, als wir es in einer globalen Welt zunehmend mit Vernetzungsphänomenen zu tun haben, für die klassische ökonomische, soziale oder politische Modelle keine Verständnisgrundlage mehr bilden.

„Integrierte Prognostik" ist deshalb der Versuch einer **Inter-Disziplin** verschiedener Prozesswissenschaften, *die auf „futuristische" Weise miteinander verbunden werden.*

Sandra Mitchell. Komplexitäten: Warum wir erst anfangen, die Welt zu verstehen; Suhrkamp Verlag, 2008

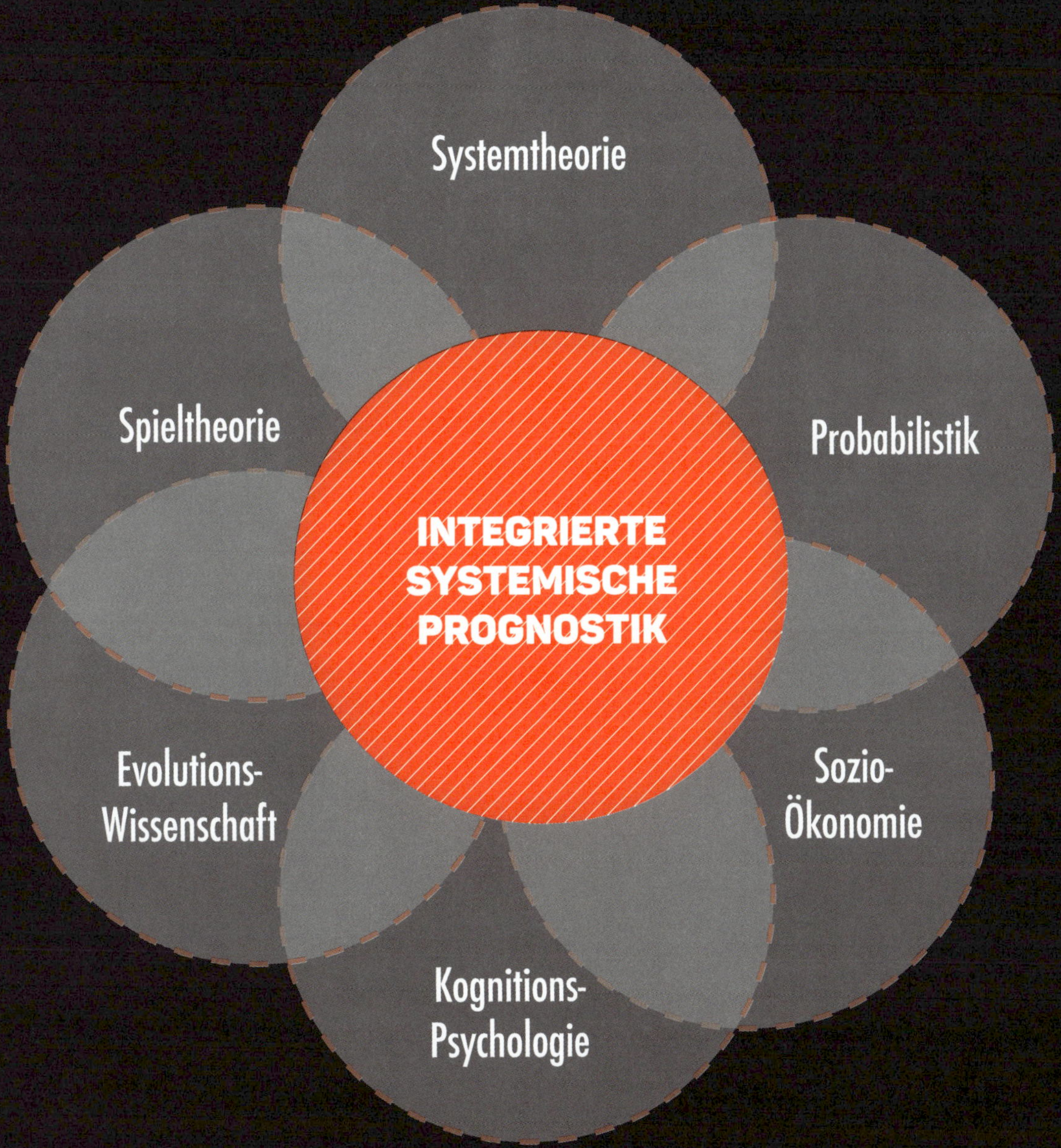
Systemtheorie
Spieltheorie
Probabilistik
INTEGRIERTE SYSTEMISCHE PROGNOSTIK
Evolutions-Wissenschaft
Sozio-Ökonomie
Kognitions-Psychologie

Die Probabilistik

Über das Wahrscheinliche

Die erste Teildisziplin der Meta-Prognostik ist die **Wahrscheinlichkeits-Wissenschaft** oder **Probabilistik**. Der Mathematiker Pierre-Simon Laplace formulierte um 1800 den „Laplace'schen Dämon", eine deterministische Erkenntnis-Entität, die in der Lage wäre, unbegrenzt in die Zukunft zu schauen:

„Wir müssen also den gegenwärtigen Zustand des Universums als Folge eines früheren Zustandes ansehen und als Ursache des Zustandes, der danach kommt. Eine Intelligenz, die in einem gegebenen Augenblick alle Kräfte kennte, mit denen die Welt begabt ist (...) würde in der gleichen Formel die Bewegungen der größten Himmelskörper und die des leichtesten Atoms einbegreifen. Nichts wäre für sie ungewiss, Zukunft und Vergangenheit lägen klar vor ihren Augen."

Dagegen formulierte Thomas Bayes um 1750 eine mathematische Formel, die den Laplace'schen Determinismus zugunsten eines **graduellen Umgangs mit Nichtwissen** überwand. Die Bayes'sche Formel wird bis heute für zahlreiche prognostische Prozesse eingesetzt – bei Versicherungen, bei der Stadtplanung, bis hin zum Militär.

„Wahrscheinlichkeit beinhaltet immer Unsicherheit. Im Bayes'schen Denken repräsentiert Unsicherheit aber Wahrscheinlichkeit. Das ist im Grunde der Kern der ganzen Theorie, und das ist natürlich viel mehr als ein Theorem. Es ist die einzige effektive Methode, sich der Wirklichkeit anzunähern."
Sharon Bertsch McGrayne, The Theory that would not die, S. 242

Pierre Simon Laplace. Philosophischer Versuch über die Wahrscheinlichkeit; Ulan Press, 2012

Jakob Bernoulli. Wahrscheinlichkeitsrechnung; Ulan Press, 2012

Gerolamo Cardano. The Book on Games of Chance (Liber de Ludo Aleae); University Press, 1953

Pierre-Simon Laplace

Thomas Bayes

Wo die Bayes-Formel eingesetzt wurde:

- Finden von verlorenen Atombomben
- Fangquoten für die Fischerei
- Radikale Verringerung der Unfallquoten in Bergwerken
- Adaption von U-Bahn- und Busfahrplänen in schnell wachsenden Städten
- Erforschung archäologischer Stätten, ohne sie zu zerstören
- Training von Hochleistungssportlern bei Belastungsgrenzen
- Toxizität von Feinstaub
- Optimierung von Verbrennungsmotoren
- Validierung von Anti-Armuts-Programmen
- Die Zukunft der Politik...

Wahrscheinlichkeits-Landschaften

Jenseits des Determinismus

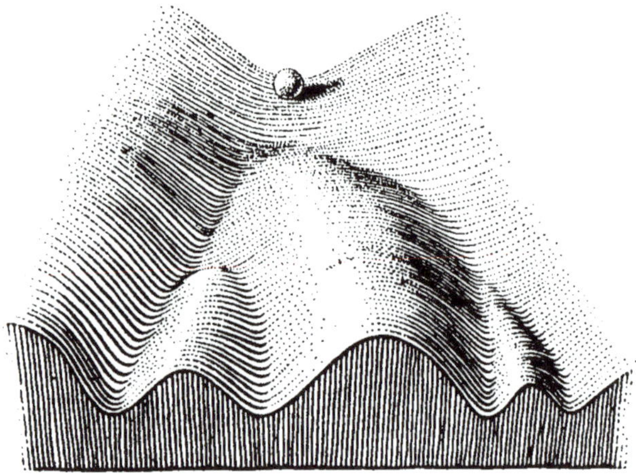

Probabilistik lässt sich als eine Logik des aufsteigenden oder absteigenden Wahrscheinlichkeitsbaums verstehen – oder auch als **Akkumulation von (Nicht-)Wahrscheinlichkeiten** (während sich das Wahrscheinliche durchsetzt, wird das Unwahrscheinliche geringer).

In unserem persönlichen Leben kennen wir das alle: Am Anfang sind noch alle Möglichkeiten offen. Die *„Kugel des Lebens"* läuft einen Hang mit verschiedenen Tälern herunter und wird dabei „kanalisiert". Je weiter sie herunterrollt – je älter wir werden und je mehr Entscheidungen wir treffen –, desto schwieriger wird es, den Kurs generell zu ändern. Die **Determiniertheit** steigt, die **Freiheitsgrade** sinken. Wenn die Kugel „Schwung" hat, kann sie dennoch bisweilen Bergrücken überwinden.

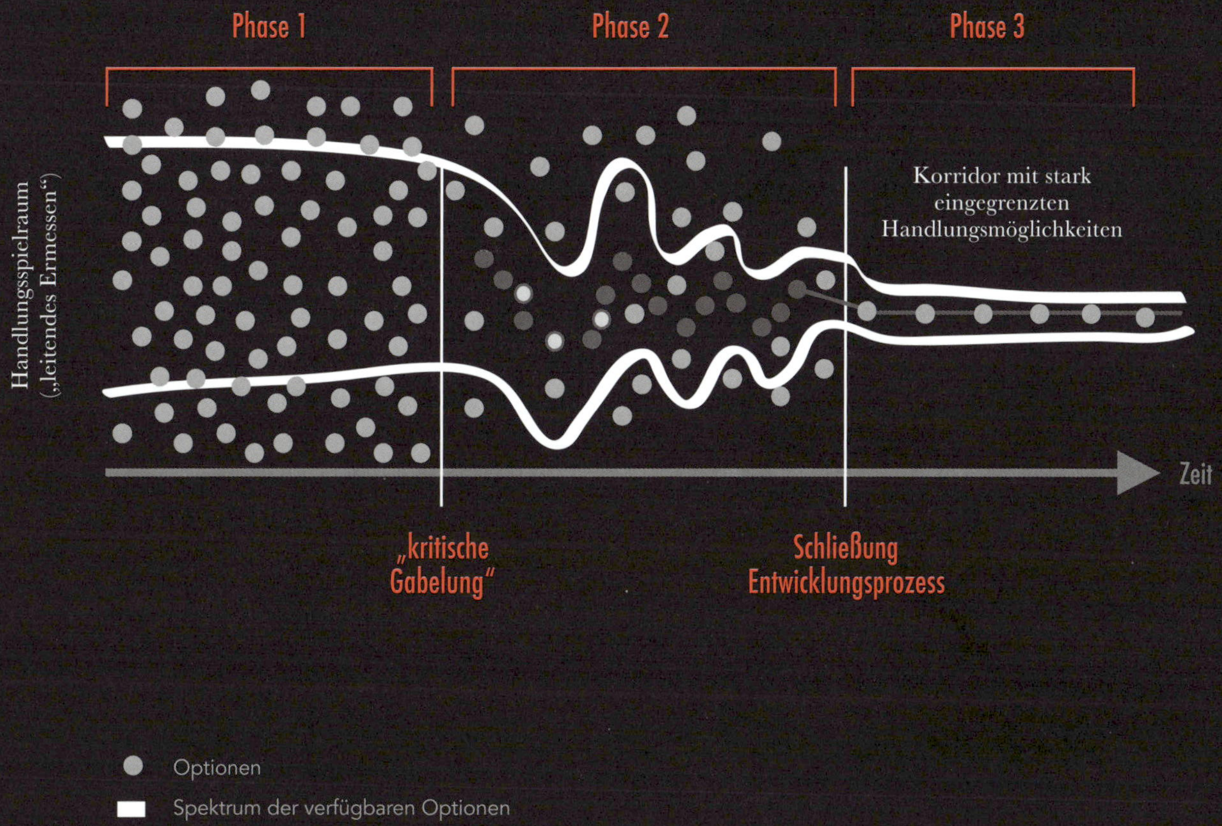

Der Pionier der Epigenetik, Conrad H. Waddington, nutzte dieses Modell schon in den 60er und 70er Jahren für die Entwicklungs-Wahrscheinlichkeiten von Zellen und Organismen.

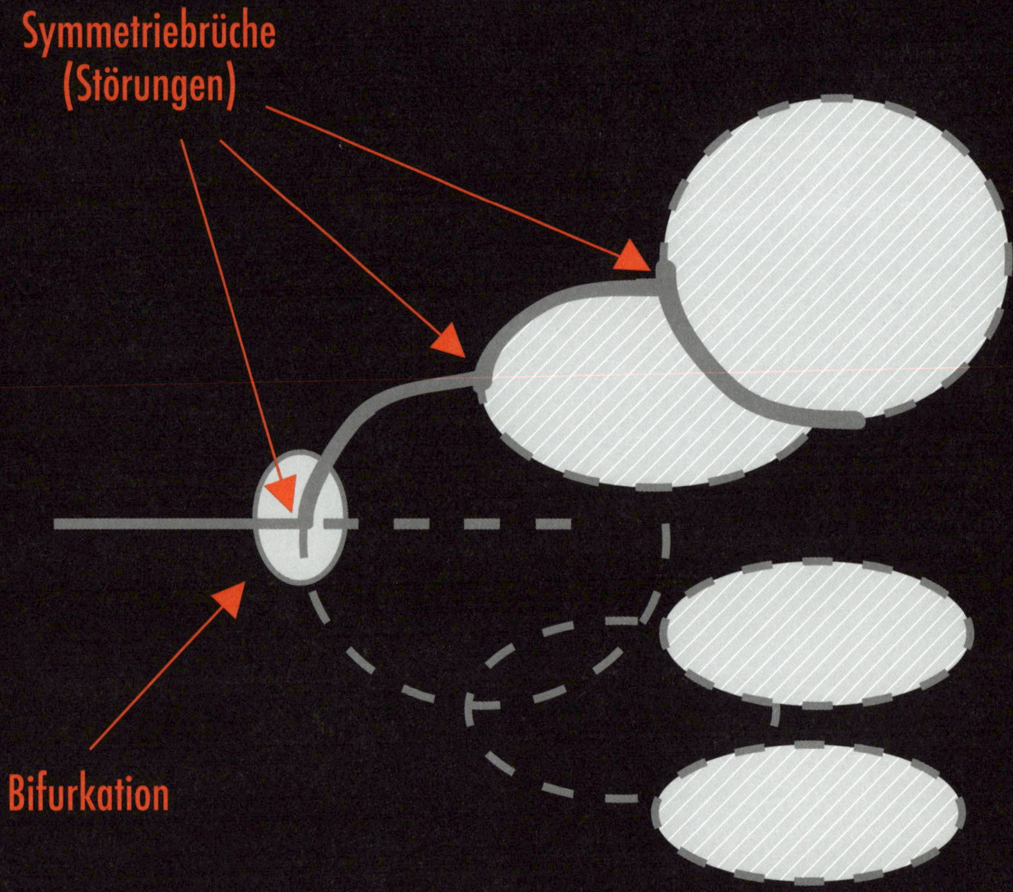
Symmetriebrüche
(Störungen)
Bifurkation

Bifurkation und Pfadabhängigkeit

Die Sprünge der Wirklichkeiten

Eine Bifurkation oder Verzweigung ist eine qualitative Zustandsänderung in nichtlinearen (kontingenten) Systemen. Der Begriff wurde von **Henri Poincaré** eingeführt, einem Mathematiker des 19. Jahrhunderts. In der Physik beobachtete er, wie in bestimmten Zuständen plötzlich *Sprünge* stattfanden, die ein System auf eine bestimmte *Bahn* brachten. Beispiel ist das Einfrieren von Wasser, das nicht immer bei null Grad vor sich geht und einen „schockähnlichen" oder „epidemischen" Charakter hat.

Solche Sprünge in einen anderen Aggregatzustand lassen sich auch in sozialen Systemen feststellen. Wo die Vernetzung steigt – etwa durch das Internet –, werden solche Bifurkationen häufiger. Plötzlich springen ganze Kulturen in einen anderen Zustand – und der Lauf der Geschichte ändert sich.

Mit der Betrachtung von *Pfadabhängigkeiten* lassen sich die Entwicklungen wie auch die Diskontinuitäten sozialer Prozesse leichter verstehen. In historischen Prozessen kann ein einziges Ereignis – ein Krieg, ein Machtwechsel, eine Katastrophe – eine Kaskade von Formungen in eine bestimmte Richtung auslösen. Die Geschichte wird in eine bestimmte Richtung „entschieden". Es entstehen „parallele Wirklichkeiten", in denen sich die Dinge völlig anders entwickeln – auch über lange Zeit (Beispiel: Ost- und Westdeutschland). Das Verständnis solcher prozessualen Phänomene ist wichtige Grundlage einer **erweiterten Komplexitätstheorie** des Wandels. Es geht um die Frage, wie (gesellschaftliche, soziale, ökonomische) Diversität entsteht.

Richard Sole. Phase Transitions; Princeton University Press, 2011

Choice Theory

Wie Menschen entscheiden prägt die Zukunft

Die **„Social Choice"-Theorie** verbindet die genannten Zufalls- und Wahrscheinlichkeitsmodelle mit psychologischen und sozio-evolutionären Ansätzen. Warum *„wählen"* Menschen bestimmte Handlungen – unter welchen Voraussetzungen und Bedingungen? Dies ist für die Prognostik eine wichtige Frage. Sie betrifft sowohl das Wahlverhalten (Demokratieforschung) als auch Fragen des Sozialstaats und der Werteorientierung.

Die Choice Theory hat wiederum Anschlussstellen zu sozio-evolutionären Forschungsgebieten. Ein Beispiel: Die Verhaltensökonomen Robert Kurzban und Daniel Houser fanden heraus, dass menschliche Gruppen in allen Gesellschaftsmodellen **erstaunlich ähnliche Kooperations-Verhaltensweisen aufweisen**. In allen menschlichen Gruppen, unabhängig von der Kultur, scheint es ein ähnliches, evolutionär „genormtes" Mischungsverhältnis der sozialen Kooperation zu geben:

- 63 Prozent **Erwiderer** (reciprocators): Diese Gruppe kooperiert mit anderen, wenn die anderen etwas „anbieten".
- 20 Prozent **Betrüger** (defectors), die so viel wie möglich optimieren und dazu neigen, andere über den Tisch zu ziehen.
- 13 Prozent **genuine Kooperateure**, die sich grundlegend positiv kooperierend verhalten (die „guten Menschen").

Trotzdem sind die gesellschaftlichen Resultate jedes Gesellschaftsmodells natürlich verschieden, weil sie diese *„Normreaktionen"* entweder belohnen und verstärken oder dämpfen und unterdrücken.

Mikael Krogerus/Roman Tschäppeler. The Decision Book: Fifty Models for strategic thinking; Profile Books, 2010

Kenneth J. Arrow. Social Choice and Individual Values; Yale Univ. Press, 2012

Amartya K. Sen. Collective Choice and Social Welfare; Elsevier Science Ltd., 1979

Wissen
Konsequenz von Entscheidungen

Evolutionstheorie

Mutation, Selektion, Adaption

Die *Evolutionstheorie* bildet den nächsten Raum einer **Multidisziplin des Wandels**. Darwins große Theorie der Mutation und Selektion ist einerseits ein in sich stimmiges Gedankengebäude, das die Evolution von Arten und Spezies erklären kann. Andererseits lassen sich die Gesetze der Evolution auch vielfältig auf soziale, ökonomische, politische, gesellschaftliche Systeme übertragen.

In einem Seitenzweig, der **Evolutionären Psychologie**, wird dies andersherum beantwortet: Inwieweit führen **evolutionäre Prägungen** zu bestimmten Handlungsweisen von Menschen? In der **Evolutionären Ökonomie** werden Marktsysteme evolutionär betrachtet (z.B. Schumpeter, Beinhocker u.a.). In ihren wichtigsten Zweigen Soziobiologie und Evolutionspsychologie arbeiten heute Stars wie Richard Dawkins, Desmond Morris, Matt Ridley, Stephen Pinker, Geoffrey F. Miller. In Seitensträngen verbinden sich diese Ansätze mit Kognitions- und Systemtheorie, z.B.: Robert Wright (Systemische Evolutionstheorie) und Daniel Dennet (Evolutionsphilosophie).

Eva Jablonka/Marion J. Lamb: Evolution in Four Dimensions: Genetic, Epigenetic, Behavioral, and Symbolic Variation in the History of Life; MIT Press, 2014

Axelrod, Robert. Die Evolution der Kooperation; De Gruyter Oldenbourg, 2009

Daniel C. Dennett. Freedom Evolves; Penguin, 2004

„Wenn wir jemals eine
finale Theorie in der Biologie
erreichen sollten, muss diese in der
Verbindung von Selbst-Organisation
und Selektion bestehen.“

Stuart Kauffman

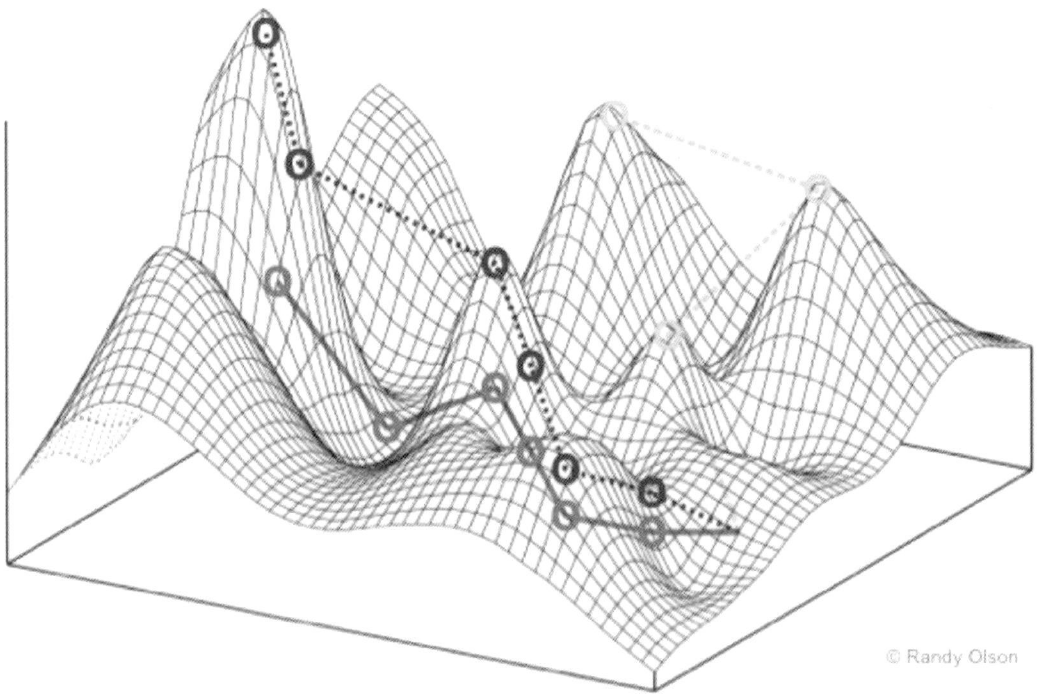
© Randy Olson

Das Modell einer Fitness-Landschaft

Berge und Täler der Adaptivität

Evolution verläuft prinzipiell nach Zufällen – ist also nicht en détail voraussagbar. Andererseits gilt: Wir können Strukturen evolutionärer Prozesse beobachten. Und daraus bestimmte Rückschlüsse ziehen.

Ausgangspunkt einer **Prognostik der Evolution** können *Fitnesslandschaften* darstellen. In ihnen wird die Fitness einer Spezies (eines Unternehmens oder Individuums, einer Gesellschaft, eines „Systems") dargestellt. Hohe *„Fitness"* meint hier *Angepasstheit*, Adaptiertheit an die jeweilige Umwelt. Je höher ein Punkt auf der Fitnesslandschaft, desto „passender" seine Fähigkeiten.
Der Preis hoher Fitness ist allerdings in den meisten Fällen eine hohe **Spezialisierung**. Löwen, Tiger und Pandas sind auch deshalb so selten (oder bedroht), weil sie extrem *optimiert* auf ihren jeweiligen Lebensraum sind. **Sie sind fit, aber fragil.** In einer Fitnesslandschaft entsteht somit ein ständiges Auf und Ab zwischen Spezialisten und Universalisten: Während sich Spezialisten in immer „perfektere" Nischen begeben, erobern Universalisten durch variable Fähigkeiten „Täler und Ebenen". In keinem Fall lässt sich die Landschaft *fixieren*, weil sie in einem ständigen Auf und Ab eher der Meeresoberfläche ähnelt.

Fitnesslandschaften bringen uns zum **Optimierungsproblem**: Sind Konzepte, in denen „vollständige Adaption" herrscht, *zukunftsfähiger*? Oder spielt die Flexibilität und Adaptivität die entscheidende Rolle? Inwieweit ist evolutionäre Fitness womöglich eine Sackgasse, in die wir nur allzu gerne hineinlaufen?

http://beacon-center.org/blog/2012/10/08/evolution-101-fitness-landscapes/

Die Spieltheorie
Kooperieren oder Opponieren?

„Spiele, die Fähigkeiten und Zufall kombinieren, sind die beste Repräsentation des menschlichen Lebens, speziell bei militärischen und medizinischen Angelegenheiten.“

Gottfried Wilhelm von Leibnitz

Begründet von Oskar Morgenstern und John von Neumann in den 1940er Jahren als kooperative Spieltheorie, ergänzt von John Nash, dem Nobelpreisträger (*„A Beautiful Mind“*), mit der nicht-kooperativen Spieltheorie, bekam das Denken in **Spielweisen** im Kalten Krieg eine enorme operative Bedeutung für die jungen Zukunfts-Wissenschaften (siehe S. 156).

Spieltheoretische Ansätze bieten sich für prognostische Fragestellungen immer dann an, wenn eine Entwicklung mit konflikthafter Dynamik zu prognostizieren ist. Im Unterschied zur Entscheidungstheorie (Choice Theory) beschreibt die Spieltheorie Aktionsverläufe, bei denen die Entscheidungen von den Aktionen *anderer* abhängen (interdependente Entscheidungssituation). Es geht um die Gesetze von *Interaktionen* zwischen Akteuren. Damit lassen sich Aussagen und Prognosen über *wahrscheinliche* Ausgänge von Prozessen und Konflikten generieren, wie zum Beispiel im berühmten **Gefangenen-Dilemma**.

Philip Ball. Critical Mass: How one thing leads to another; Arrow, 2005

Len Fisher. Rock, Paper, Scissors: Game Theory in Everyday Life; Basic Books, 2008

		PRISONER 2: Confess	PRISONER 2: Lie
PRISONER 1	Confess	-8, -8	0, -10
PRISONER 1	Lie	-10, 0	-1, -1

Das Gefangenen-Dilemma

Wann kooperieren wir?

Zwei Gefangene sitzen in zwei getrennten Verhörzimmern. Sie sind mit Gefängnis bedroht, wenn ihnen ein Verbrechen nachgewiesen werden kann. Da sie aber in Einzelverhören vernommen werden, wissen sie nicht über die Aussage des jeweils anderen Bescheid.

- Wenn beide „dicht halten", lässt sich ihnen nichts nachweisen. Im günstigsten Fall würden sie straffrei ausgehen, durch Indizienbeweis aber ein Jahr bekommen.
- Wenn einer den anderen denunziert und der andere den einen nicht, werden die Strafen ungleich verteilt. Einer bekommt zehn Jahre, der andere geht frei aus.
- Wenn beide sich gegenseitig denunzieren, ist die Bruttosumme der Haft am höchsten: *Beide* bekommen acht Jahre.

Unter diesen Bedingungen wird das Spiel *eher* in Richtung auf das *schlechtere* Ergebnis (**gegenseitige Denunziation = Nicht-Kooperation**) ausgehen. Denn beide Parteien müssen das **Nichtwissen** höher bewerten als das Vertrauen. Der *Verlust* durch enttäuschtes Vertrauen ist höher als der *Gewinn* durch Vertrauen. Wer schweigt, hat eine höhere Chance, der Dumme zu sein.

Vom Umziehen und Ausziehen

Wie kulturelle Grenzen entstehen

> „Menschen spielen mit allem, das sie umgibt, mit Worten, mit der Macht, mit der Liebe, der Musik.“
>
> **Bernward Thole**

Thomas Schelling war einer der Pioniere der Spieltheorie – er saß im Beratungsstab von Präsident Kennedy während der Kubakrise. Schelling entwickelte bereits in den 60er Jahren – auf einer Serviette, die er im Flugzeug auf den Knien bekritzelte – ein einfaches Spiel, das die Betrachtungsweisen der Spieltheorie auf den Punkt bringt.

Auf der Website *„Parable of the Polygons"* lässt sich die **Problematik der Ghettobildung** (der kulturellen Segregation) spielerisch nachvollziehen – und interaktiv steuern. Das Spiel mit den blauen und gelben Männchen zeigt, wie und warum in den großen Städten „No Go-Areas" entstehen, warum sich Separat-Kulturen zusammenballen – und unter welchen Bedingungen dies verändert werden könnte. Ausgangspunkt ist, dass sich „gelbe Dreiecke" unwohl fühlen, wenn mehr als drei Nachbarn „blaue Quadrate" sind – und umgekehrt. Sie ziehen dann um in eine Umgebung, in der es mehr blaue Quadrate oder eben gelbe Dreiecke gibt. Aber entscheidend für diesen Prozess sind bestimmte Toleranzlinien (Individual Bias). Und die **Ausgangs-Diversität** der Spielfiguren ist entscheidend: Man füge rote Kreise, grüne Sechsecke und violette Sterne hinzu, und schon entwickelt sich ein ganz anderer Spielausgang.

Thomas C. Schelling. Micromotives and Macrobehaviour; W. W. Norton & Company, 2006

http://ncase.me/polygons/

Das PRECRIME-System

Ein Praxisbeispiel

Im legendären Science-Fiction-Film **Minority Report** (nach einer Erzählung von Philip K. Dick) werden Verbrechen durch **Vorausvision** verhindert. Tom Cruise als gestresster *„Precrime-Cop"* muss die Botschaften von drei in einem Wassertank treibenden *Medien* interpretieren, um möglichst schnell am „potentiellen" Tatort zu sein und schreckliche Morde zu verhindern.

In vielen Großstädten – unter anderem in Los Angeles und Zürich – gibt es heute tatsächlich PRECRIME-Programme. Allerdings sehen sie etwas anders aus: Die Polizei wertet Daten und Meta-Daten von Einbrüchen oder Gewalttaten aus. Dabei geht es um Mustererkennung: Welche Anzeichen bilden sich aus (etwa bestimmte Handy-Aktivitäten), welche „Cluster" sind erkennbar? So werden **prognostizierte Wahrscheinlichkeiten** hochgerechnet und in Aktivitäten übersetzt. So wird etwa durch erhöhte Polizeipräsenz oder spezielle Überwachungsmaßnahmen das Entdeckungsrisiko bei Einbrüchen erhöht. Dies führt auf dem Weg der Risikoerhöhung für Verbrecher tatsächlich zu sinkenden Verbrechensraten. Besonders effektiv ist das System allerdings nur, wenn es mit Stadtplanern zusammenarbeitet, um die sozialen *Ursachen* von Kriminalität zu verringern.

DYNAMISCHE MODELLE

Dynamische Sozio-Evolutions-Modelle

Geschichten des Wandels erzählen

Ein wichtiges Tool der integrierten Prognostik besteht in dynamischen Modellen der sozialen Kultur. Sie dienen vor allem der Vergegenwärtigung von Wandlungsprozessen. Statt statischer Daten und Prognosen mit Linien-Logik werden hier Bewegungen, also eigentlich Trends, dargestellt.

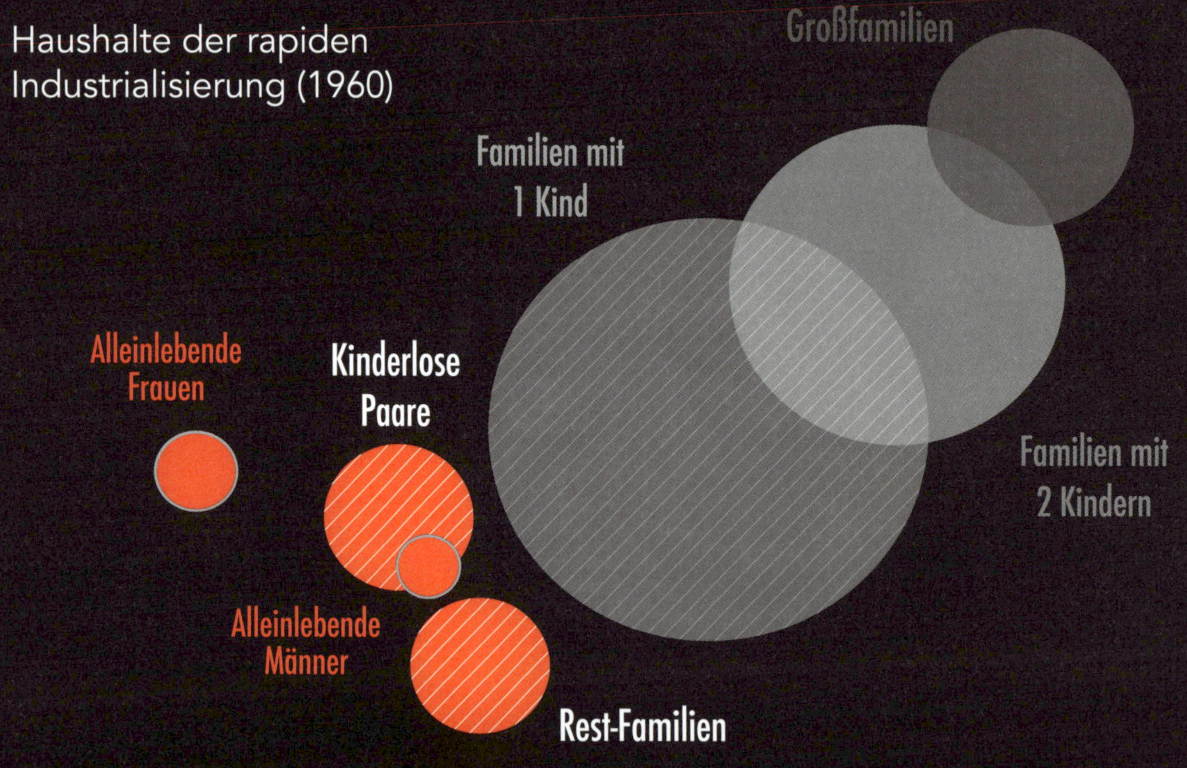

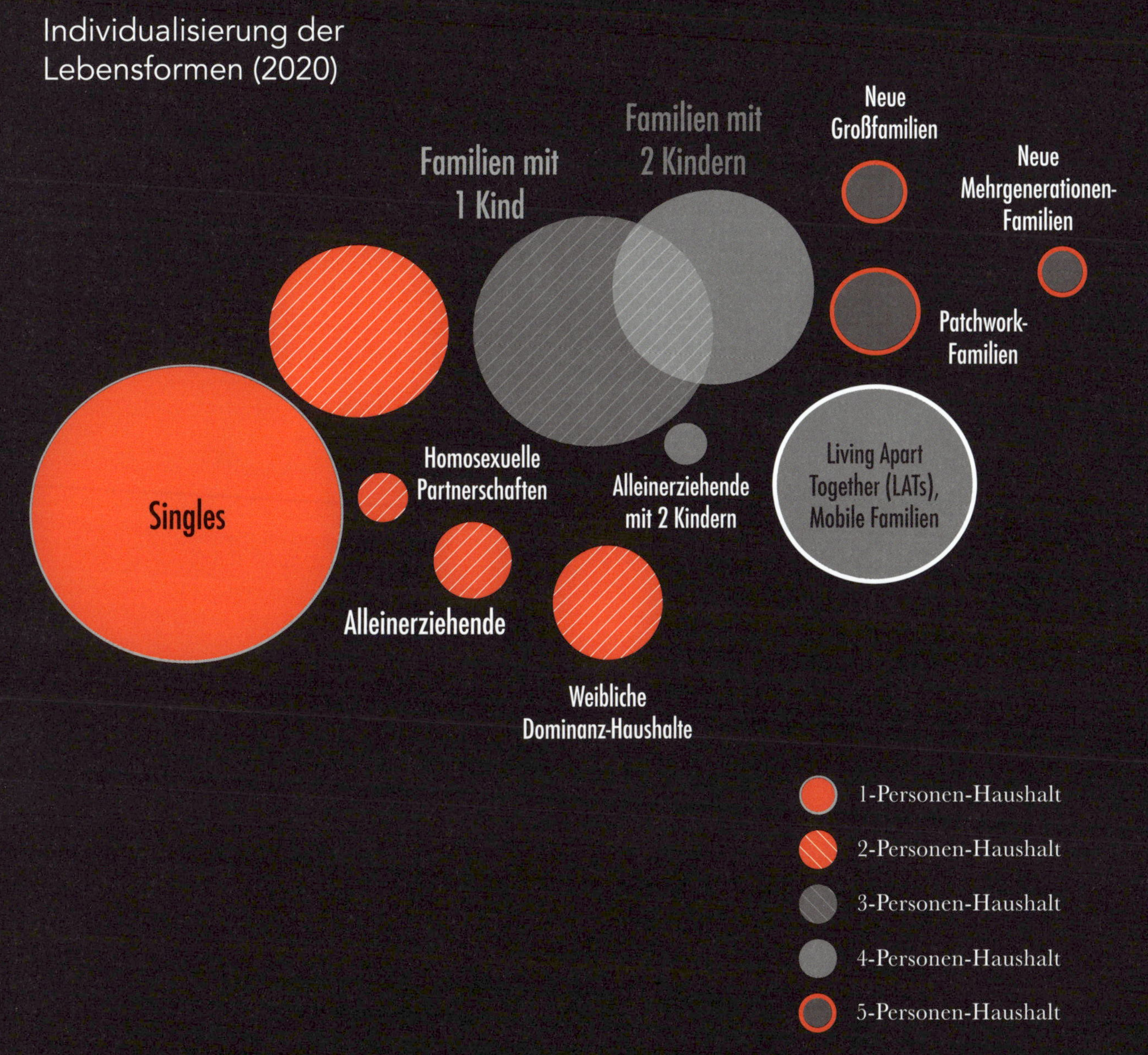
Individualisierung der
Lebensformen (2020)
Familien mit
2 Kindern
Neue
Großfamilien
Familien mit
1 Kind
Neue
Mehrgenerationen-
Familien
Patchwork-
Familien
Singles
Homosexuelle
Partnerschaften
Alleinerziehende
mit 2 Kindern
Living Apart
Together (LATs),
Mobile Familien
Alleinerziehende
Weibliche
Dominanz-Haushalte
1-Personen-Haushalt
2-Personen-Haushalt
3-Personen-Haushalt
4-Personen-Haushalt
5-Personen-Haushalt

Das Sieben-Phasen-Modell der Downaging-Gesellschaft

Biographien der Zukunft

Das bekannteste sozio-dynamische Modell ist das sogenannte **„Sieben-Phasen-Modell“** der postindustriellen Individualisierungskultur. Darin werden Daten klassischer Biographie-Verläufe (das dreiphasige Industriemodell Kindheit–Erwerb–Rente) mit Erkenntnissen der Entwicklungspsychologie kombiniert. Das Modell wirkt vor allem durch eine starke **Resonanz** auf den Betrachter:

Jede Lebensphase kann mit eigenen Erfahrungen und Beobachtungen von Freunden/Bekannten abgeglichen werden. Hier wird einem alten Ordnungsmodell ein neues, komplexeres Modell gegenübergestellt; als Resultat kommt es zu einer **„kognitiven Katharsis“**: Man sieht die Welt (und sich selbst im Kontext der Welt) plötzlich mit anderen Augen!

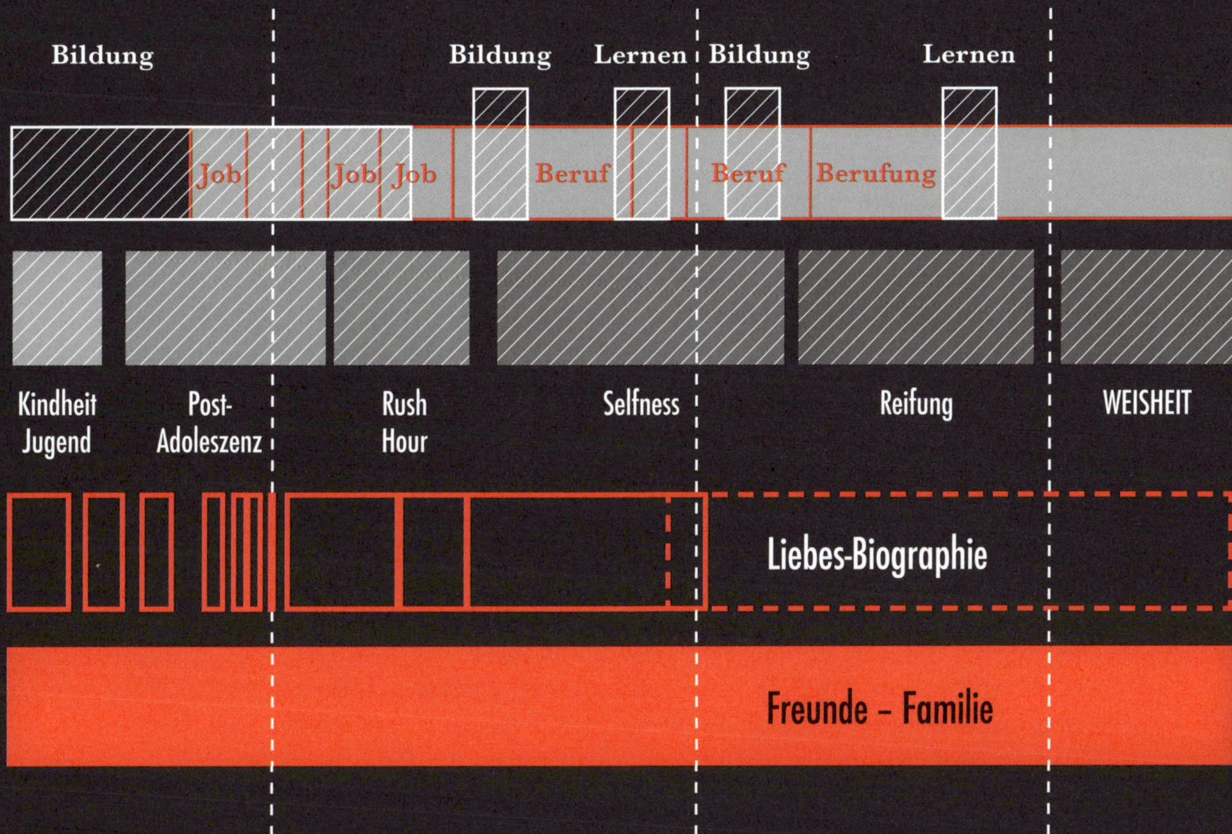
Bildung
Bildung
Lernen
Bildung
Lernen
Job
Job
Job
Beruf
Beruf
Berufung
Kindheit Jugend
Post-Adoleszenz
Rush Hour
Selfness
Reifung
WEISHEIT
Liebes-Biographie
Freunde – Familie

Technolution
Ein evolutionäres Vorhersagemodell für die Technik

Im Bereich der Technologie hat die Prognostik ihr angestammtes Gebiet – was wäre „zukünftiger" als der technische Fortschritt? Doch gerade hier hat sich die Zukunftsforschung nicht gerade mit Ruhm bekleckert: Die Geschichte der Technik ist auch die Geschichte ihrer Fehlprognosen: Weder leben wir heute in Raumstationen, noch schlucken wir Unsterblichkeitspillen oder fahren in Flugautos durch die Luft. In der Technik-Prognostik überwiegen **sensationistische** Modelle, die uns ein ums andre Mal in die Irre führen.

Für die systemische Prognostik stellt sich die Frage: Gibt es eine Methode, Technologie *anders* und *effektiver* vorauszusagen als mit den herkömmlichen Methoden des *aufgeregten Vermutens*?

Das **Technolution-Modell** betrachtet die Entwicklung technologischer Artefakte im Sinne evolutionärer Systeme und unter der Perspektive **ganzheitlicher Systemdynamik**. Technik „evolviert", so die Grundannahme, in humanen Kontexten, die von Bedürfnissen, Knappheiten, Nöten und Wünschen geprägt sind.
Techniken sind letzten Endes *„Umweltbewältigungsstrategien"*, die evolutionären Gesetzen von Mutation und Selektion unterliegen – wobei die menschliche Kultur die *Umwelt* darstellt.

David Edgerton. Shock of the Old: Technology and Global History Since 1900; Oxford University Press, 2007

Bob Seidensticker. Future Hype: The myths of technology change; Berrett-Koehler, 2006

1
2
3
4
5
6
7
8
9
0
A
B
F
J
L
M
U
W
X
Y
TEL. No

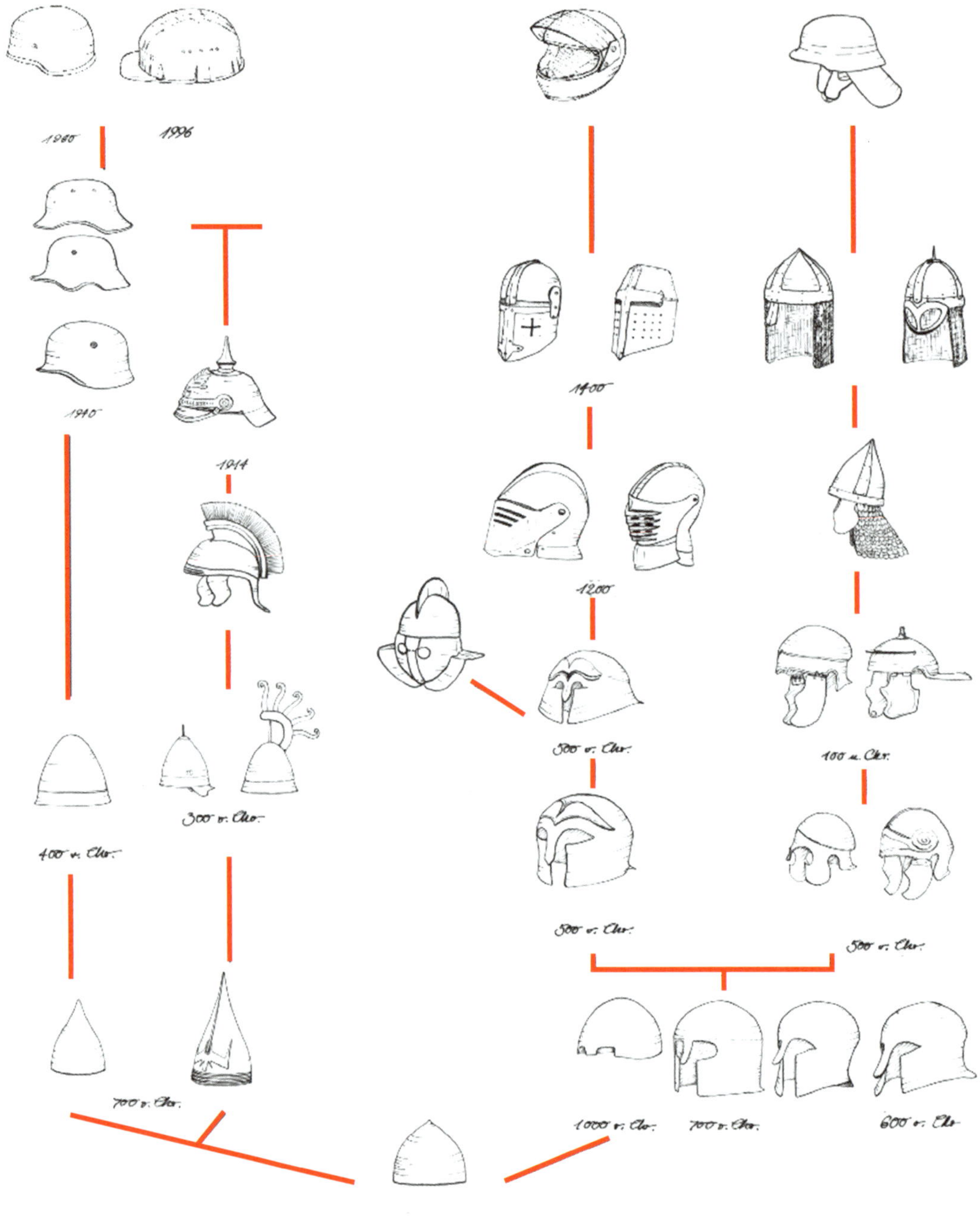

1980
1996
1400
1940
1914
1200
500 v. Chr.
100 n. Chr.
300 v. Chr.
400 v. Chr.
500 v. Chr.
500 v. Chr.
700 v. Chr.
1000 v. Chr.
700 v. Chr.
600 v. Chr.
1000 v. Chr.

Die Evolution von Helmen und Blechdosen

Wie Artefakte sich verändern

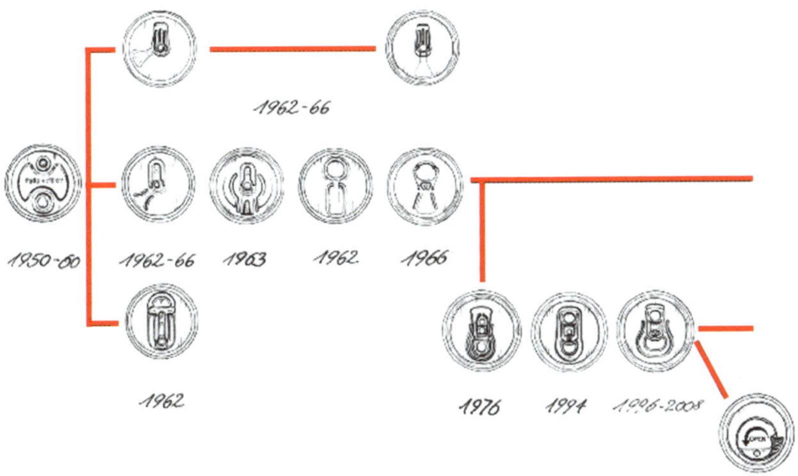

Technische Artefakte – die Dinge, die uns umgeben – haben eine lange Geschichte. Smartphones sind das Endergebnis einer langen Mutationsgeschichte der Kommunikationsinstrumente, die beim Sprachrohr anfängt. Abhörgeräte *„morphten"* in ihrer evolutionären Fitness in Richtung *„Kleinheit"*. Die Aufreißlaschen von Weißblechdosen sind technische Wunderwerke, die im Verlauf ihrer Geschichte immer entlang der **Verletzungsgefahr** mutierten. Helme haben sich in drei „Bäumen" zu Schutzinstrumenten des Kopfes weiterentwickelt. Dasselbe passiert mit Autos, Reifen, Türklinken, Kühlschränken etc.

Lassen sich dahinter bestimmte Gesetzmäßigkeiten erkennen?

Die Treiber der Technologie

Was Innovation vorantreibt

Jede Technologie wird von fünf menschlichen Grundbedürfnissen bzw. Motiven angetrieben:

Mobilität. Alles, was uns mobiler macht, bietet unmittelbar komparative Vorteile. Ein Auto, ein Flugzeug, aber auch das Smartphone.

Macht. Es ist kein Zufall, dass viele der dominanten Technologien aus der Militärwelt stammen. Die ersten mechanischen „Großanwendungen" in der Antike waren komplexe Schleudern und Wurfmechanismen (etwa die griechischen Torsionsfederkatapulte der hellenistischen Zeit, die 30-Pfund-Steine fast einen Kilometer weit schleudern konnten).

Effektivität. Viele technische Entwicklungen haben ihren treibenden Faktor im Rationalisierungsbedürfnis der Wirtschaft.

Kontrolle. Die Kräfte der Natur zu kontrollieren und für die eigenen Zwecke nützlich zu machen ist schließlich ein weiteres elementares Motiv der Technik-Evolution.

Status. Viele Techniken oder Artefakte weisen einen nicht zu unterschätzenden Statusfaktor auf, der wiederum in seine eigenen Funktions-, Design- und Symbol-Aspekte zu zerlegen ist.

Donald MacKenzie. The Social Shaping of Technology; Open University Press, 1999

M. J. French. Invention and Evolution: Design in Nature and Engineering; Cambridge University Press, 1988

» Im Grunde ist jede Technologie eine künstliche Verlängerung der natürlichen, allem Lebendigen angeborenen Tendenz, die Umwelt zu beherrschen oder ihr doch zumindest nicht im Kampf ums Dasein zu unterliegen. Diese Entwicklung setzt sich in der Technik fort, denn immer gilt: Gegen eine Technologie hilft nur eine andere Technologie. «

Stanislaw Lem

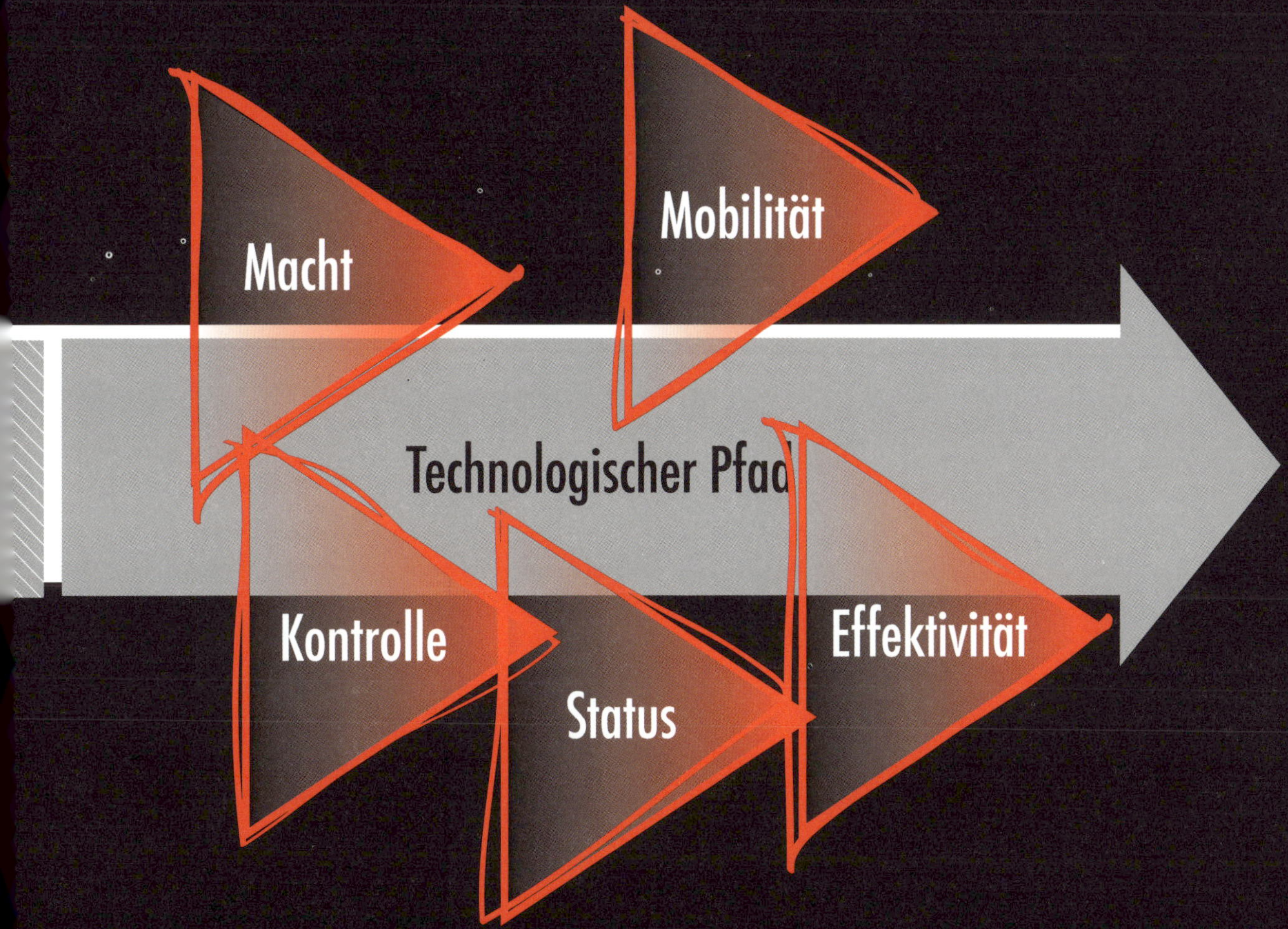

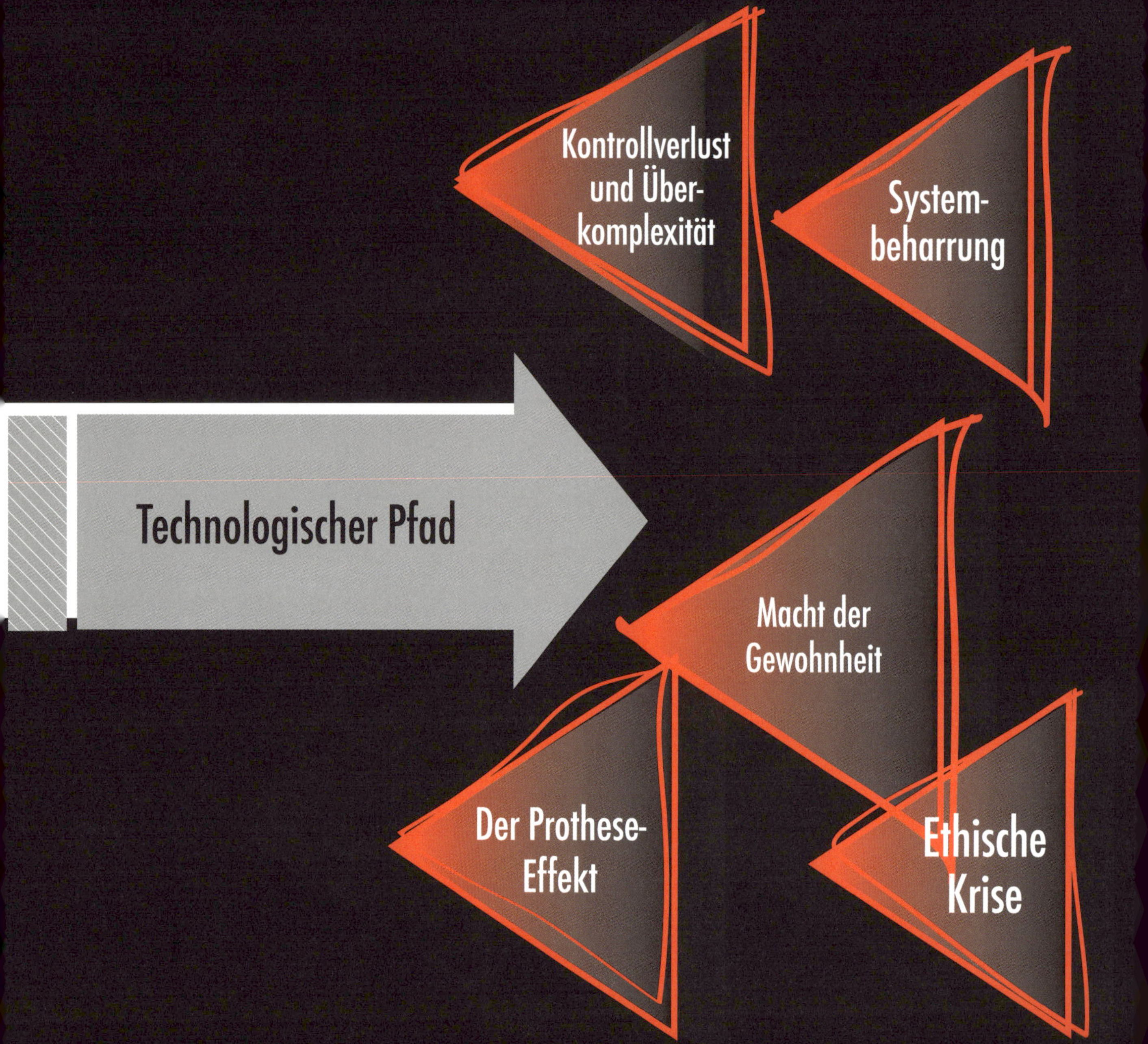

Technologischer Pfad
Kontrollverlust und Über-komplexität
System-beharrung
Macht der Gewohnheit
Der Prothese-Effekt
Ethische Krise

Die Widerstände gegen Technologie

Nicht alles setzt sich durch

Macht der Gewohnheit. Menschen sind Gewohnheitstiere. Wir haben bestimmte Handgriffe eingelernt, wie das Drücken einer Tür oder das Zählen von Münzen. Wir rechnen auch Jahre nach der Einführung des Euro noch mit der D-Mark. Wir drucken E-Mails aus, weil wir nicht ernst nehmen, was nicht raschelt…

Systembeharrung. Bislang wurden gewaltige Summen in technische Infrastrukturen investiert, die sich erst amortisieren müssen, bevor neue Infrastrukturen aufgebaut werden können. Das Straßensystem ist so gigantisch teuer, dass wir uns Flugautos nie leisten können. Magnetschwebebahnen setzen sich nie gegen Hochgeschwindigkeitszüge durch usw. …

Kontrollverlust und Überkomplexität. Oft übersteigt der technologische Nutzen nicht die Mühe. Wir sind verwirrt durch Technik, genervt, sie „zahlt sich nicht aus".

Der Prothese-Effekt. Technologien können zu einem *Entlernen* genuin menschlicher Fähigkeiten führen. Wir verlieren durch die Nutzung die Autonomie eigener Fähigkeiten. Das Navigationssystem lässt uns das Kartenlesen verlernen. Das Puls-Armband führt dazu, dass wir nicht mehr auf unseren „inneren Pulsschlag" hören können.

Ethische Krisen. Und schließlich widerspricht Technologie immer wieder unseren *humanen* Grundkonstruktionen. Sie gerät in Konflikt mit unseren „tiefen Werten".

Carl Franklin. Why Innovation Fails: Hard-Won Lessons for Business; Spiro Press, 2003

John Naisbitt. High Tech, High Touch: Auf der Suche nach Balance zwischen Technologie und Mensch; Signum, 1999

Der Exaptations-Effekt

Abweichungen von der geraden Linie der Erfindung

Aus der Wechselwirkung der Treiber- und Bremskräfte lässt sich nun ein **dynamisches „Exaptationsmodell“** (Stephen Jay Gould) der Technik entwickeln. Dabei wird Technologie von der menschlichen Kultur **gebremst, adaptiert und abgelenkt** – durch Re-Kombination, Renaissance und Varianz drücken menschliche Bedürfnisse dem Technologischen ihren Stempel auf und lenken den technologischen Pfad ab.

- Die drahtlose Übertragung wurde von ihrem Erfinder Marconi, der 1901 das erste Radiosignal über den Atlantik schickte, als Basistechnik für mobile Telegrafen oder Telefone gesehen. Dass sie eine eigenständige Technologie werden könnte, ahnte Marconi nicht.
- Unsere heutigen Uhren entstanden aus der Zweckentfremdung klösterlicher „Schaltuhren", die für die pünktliche Einhaltung der Stundengebete vonnöten waren.
- Das Schießpulver wurde im 8. Jahrhundert als Medizin zur Erzeugung von Unsterblichkeit erfunden – von taoistischen chinesischen Mönchen.

Yair Amichai-Hamburger. Technology and Psychological Well-being; Cambridge University Press, 2009

Stephen Jay Gould. Exaptation: A crucial Tool for an Evolutionary Psychology; Journal of Social Issues, 1991

George Basalla. The Evolution of Technology; Cambridge University Press, 1989

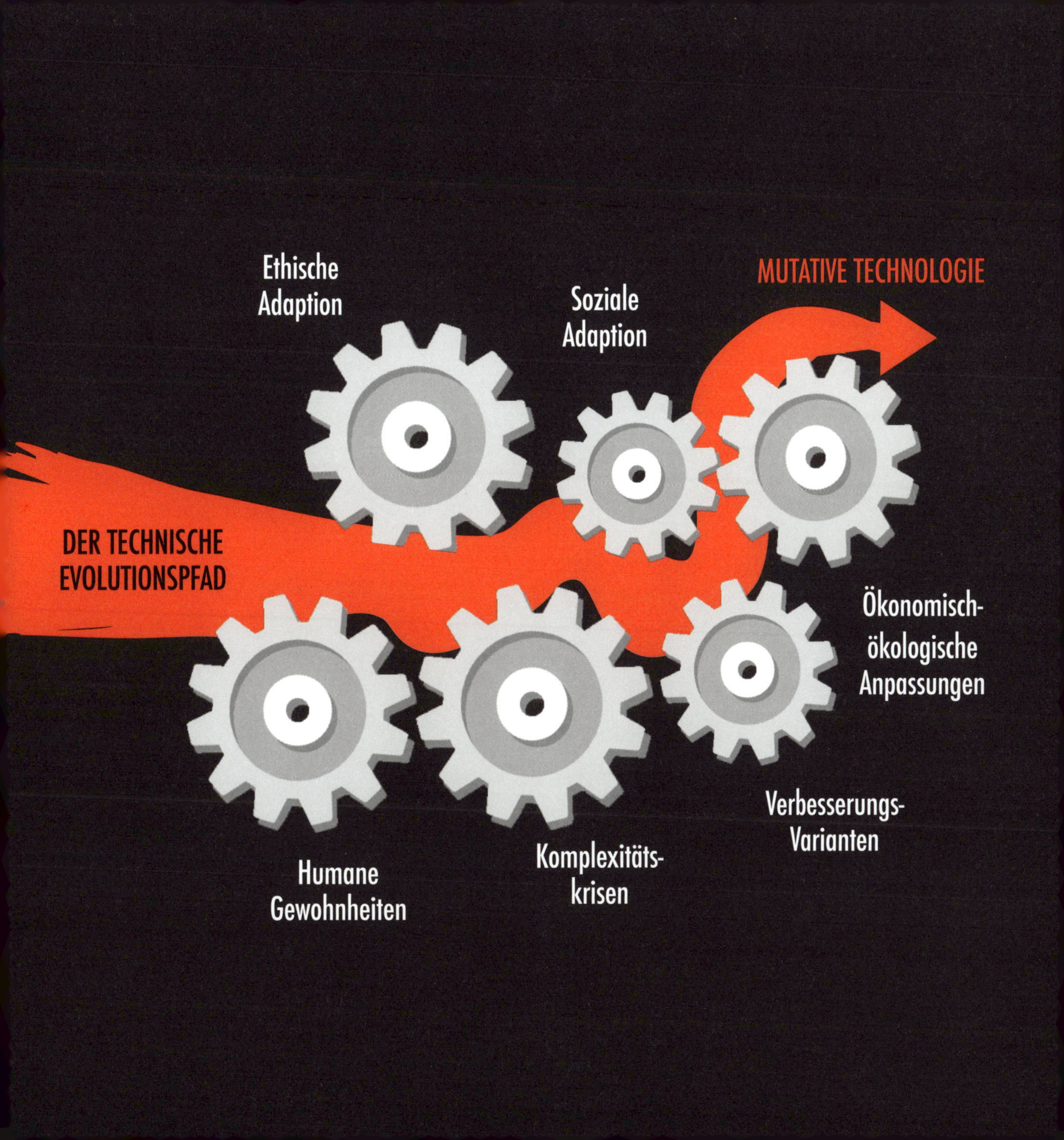
Ethische
Adaption
Soziale
Adaption
MUTATIVE TECHNOLOGIE
DER TECHNISCHE
EVOLUTIONSPFAD
Ökonomisch-
ökologische
Anpassungen
Verbesserungs-
Varianten
Humane
Gewohnheiten
Komplexitäts-
krisen

Eine kleine Flopologie

Arten des Scheiterns

Mit dem **Technolution-Modell** lässt sich eine *negative Selektions-Prognostik* von Technologie betreiben. Es lässt sich gut voraussehen, welche Techniken *scheitern*. Dabei gibt es verschiedene Kategorien:

Megaflop: Eine ganze Technologie gerät in eine Sackgasse, wie z.B. die Zeppelin-Technologie oder die Grüne Gentechnik oder die Utopie *Unterwasserstädte*. Der Grund liegt in der *mangelnden Nachfrage und Plausibilität* oder in allzu großen *Risiken und Folgeschäden*.

Nischenflop: Eine als großer Durchbruch annoncierte technische Entwicklung landet in einer Nische. Beispiel *Segway* oder *Google Glass*.

„Running Gag": Eine Technologie, die *immer* garantiert zehn Jahre in der Zukunft ihren großen Durchbruch erleben wird, aber in dieser Zukunftsdistanz *bleibt*. Wie der berühmte Flughubschrauber, die Künstliche Intelligenz oder die Fusionskraftwerke, der Heimroboter, der endgültige Sieg über den Krebs…

Bedeutungsverschiebung: Wieder andere Technologien entwickeln sich in andere Nutzungskontexte hinein – so verzeichnet die Human-Roboter-Technologie im Rahmen von körperlichen Behinderungen große Erfolge (etwa Exoskelette).

Substitution: Technologien können auch verschwinden, weil sie durch andere, elegantere Techniken *ersetzt* werden. Beispiel sind Magnetaufzeichnungstechniken, aber auch der MP3-Player als eigenes Gerät.

Die Zukunft

Real Smart Tech

Unter „smarter" Technologie verstehen wir heute weitgehend Technologien mit einer starken Vernetzung und sogenannten *intelligenten* Funktionen. Als Endziel gilt das **Internet Der Dinge**. Es zeichnet sich jedoch ab, dass *smart* alles andere als *smart* ist! Vielmehr sind viele Systeme und Artefakte unter diesem Label *überkomplex, unsicher* und *unnütz*!
Wir müssen „Smartness" in Zukunft also anders definieren und deklinieren:

Rough Tech: Nicht nur in den Entwicklungsländern wächst die Nachfrage nach „robuster Technologie", die gegen Ausfall von Teilsystemen gewappnet ist. Technologie benötigt Backup- und Redundanzsysteme, um das Vertrauen in sie zu stärken.

Retro-Tech: Zukunftstechnologie wird in alten und bewährten Formen gestaltet, wobei analoge und digitale Funktionen verschmelzen.

„Rightsizing": die individuelle Modularisierung der Funktionen für den jeweiligen Bedarf und den einzelnen User.

Embedded Technologies: Technologie ist schließlich immer mehr Teil von Service- Umgebungen. Dazu kommen Fragen der Schnittstellen, der Bedien- und Service-Komfortabilität. „Smartness" misst sich letzten Endes an der Frage, wie hoch der Komplexitäts- und Kontrollverlust im Vergleich zum *realen Netto*-Nutzen ist.

Technologischer Pfad
nest
Auto
AWAY

DAS LÄCHELN DER SYSTEME

Die Grinsekatze:

Der englische Originalname der Katze bezieht sich auf die nordenglische Grafschaft Cheshire, wo Lewis Carroll, Autor von **Alice in Wonderland**, 1832 in Daresbury zur Welt kam und seine Kindheit verbrachte. Der Ausdruck „to grin like a Cheshire cat" ist eine alte englische Redewendung. Grund dafür ist die Tatsache, dass die Katze verschwinden kann, während ihr Grinsen sichtbar bleibt. In dem Buch „Unser Kosmos" von Carl Sagan kommt das Grinsen der Katze in einer Demonstration eines fiktiven Planeten mit variabler Gravitation vor. Das Grinsen ist sogar sichtbar bei Gravitationskräften stärker als die eines Schwarzen Loches.

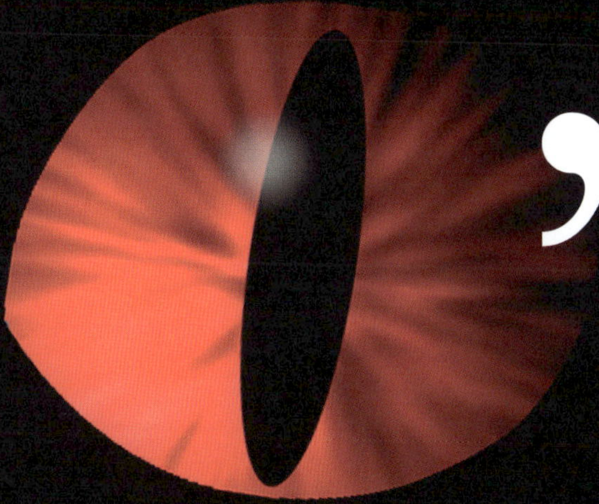

„Komplexität, ob in der Biologie oder anderswo, liegt nicht außerhalb unserer Verständnisfähigkeit, sondern sie erfordert eine neue Art von Verständnis.

Sandra Mitchell

Warum in Systemen denken?

Wie alles zusammenhängt

„Müsset beim Naturbetrachten immer eins wie alles achten."

Goethe

Jede Zukunftsbetrachtung oder Prognose geht bewusst oder unbewusst von einem *Modell* aus. Und fast immer ist dieses Modell **reduktionistisch**. Da unsere mentale Aufmerksamkeit **begrenzt** ist, neigen wir zur **mentalen Selektion** – zur Überbetonung *eines* Sachverhaltes, *eines* Faktors, *eines* Trends.

Systemisches Denken besteht in dem Versuch, einen Prozess/ein System *ganzheitlich* in seinen **Wechselwirkungen** zu verstehen. Dafür muss man einen Schritt zurücktreten und das **Phänomen aus der Distanz** betrachten. Denn Strukturen offenbaren sich nur in der *Übersicht*.
Die Systemtheorie kann uns helfen, lebendige, soziale, ökonomische Prozesse *fluktuierend* zu betrachten. Als Synthese von Ingenieurswissenschaften und Informationstheorie (früher hieß sie **Kybernetik**) hilft sie uns, in **Ganzheiten** und **Meta-Prozessen** zu denken.

Einige Klassiker des Systemdenkens:

Norbert Wiener. Cybernetics or Control and Communication in the Animal and the Machine; MIT Press, 1961

Ludwig von Bertalanffy. General System Theory: Foundations, Development, Applications; George Braziller Inc., 1976

Scott E. Page. Diversity and Complexity; Princeton Univ. Press, 2010

ZUKUNFT
TI:ME

Wie Systeme „lächeln“ können

Die evolutionäre Matrix

Wie kann man ein System „lächeln“ sehen? Der Sinn dieser leicht absurden Formulierung erschließt sich erst, wenn wir die wichtigsten Strukturelemente von Systemen verstehen lernen.

Im Kern geht es um die Frage, wieweit ein System auf Umweltveränderungen reagieren kann. Dazu gehören sowohl **passive Strategien** wie auch „proaktive“: die Fähigkeit, spontan und „evolutionär lernend“ auf die Umwelt zu reagieren und sich dabei neu zu konfigurieren.
Diese Eigenschaften sagen etwas über die **Zukunftsfähigkeit** eines Systems aus.

Systeme prognostisch zu verstehen heißt, ihre **Vitalität** zu beurteilen. Wenn ein *System* „lächelt“, ist es in seiner Komplexität entspannt – und es wird auch auf *kommende* Herausforderungen und Wandlungen seines Umfelds (sehr wahrscheinlich) reagieren können.

Per Bak. How Nature Works: The science of self-organized criticality; Copernicus, 1996

Robustheit

Die Stabilität der Verbindungen zwischen den Agenten/Akteuren.

Variabilität

Die Fähigkeit, verschiedene Zustände und Verbindungen einzugehen.

Adaptivität

Die Fähigkeit, auf Veränderungen in Umweltsystemen zu reagieren.

Resilienz

Die Fähigkeit, innere Strukturen in Varianz wiederherzustellen.

Emergenz

Die Möglichkeit zur spontanen Neuordnung in erhöhter Komplexität.

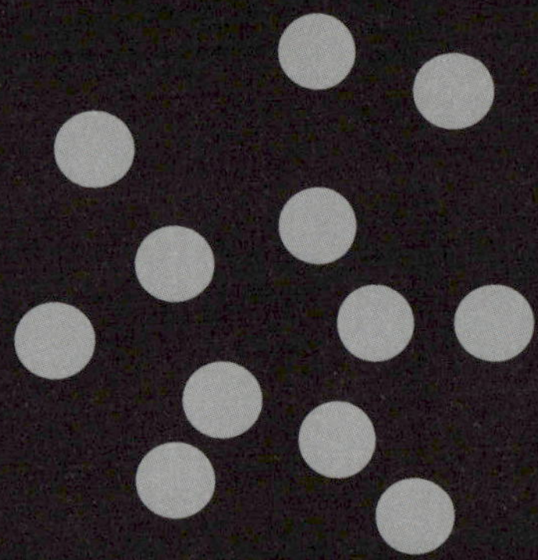

Muster

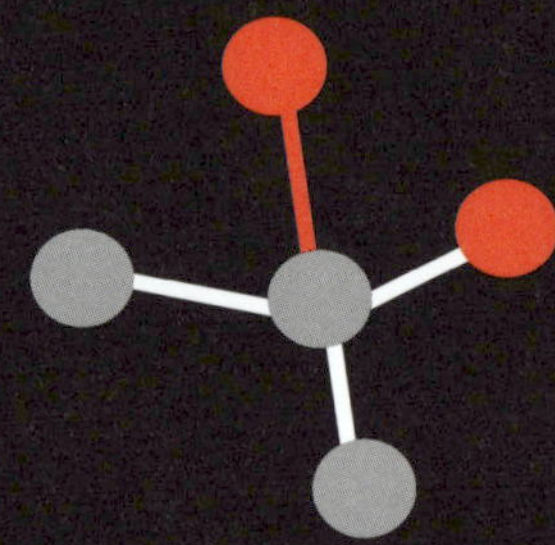

Beziehungen

Feedback

Stärke

Die Grundlagen der Systemanalyse
Elemente und Struktur

Zunächst definieren wir die **Agenten** oder **„Nodes“** eines Systems. Dabei kann es sich um Individuen handeln oder aber Organisationen, oder eine Mischung aus beidem:

- **Muster:** Wir können zunächst das grobe Muster erkennen, mit dem die Akteure gruppiert sind.
- **Beziehungen:** Wir können die Verbindungen analysieren, die zwischen den einzelnen Akteuren dominant sind.
- **Rückkopplungen:** Die Art und Weise der Kommunikation zwischen den Akteuren/Elementen: Inwieweit werden *Ergebnisse* zurückgespielt?
- **Stärke/Macht:** Wie wichtig sind die einzelnen Akteure? Wie sehr unterscheidet sich ihre Einflussmacht?

Im zweiten Schritt betrachten wir die **Architektur** eines Systems. Ist es offen oder geschlossen (autonom oder dependent)? Ist es stark oder schwach vernetzt, hierarchisch oder netzwerkhaft?

Fritjof Capra, Pier Luigi Luisi. The System View of Life: A Unifying Vision; Cambridge University Press, 2014

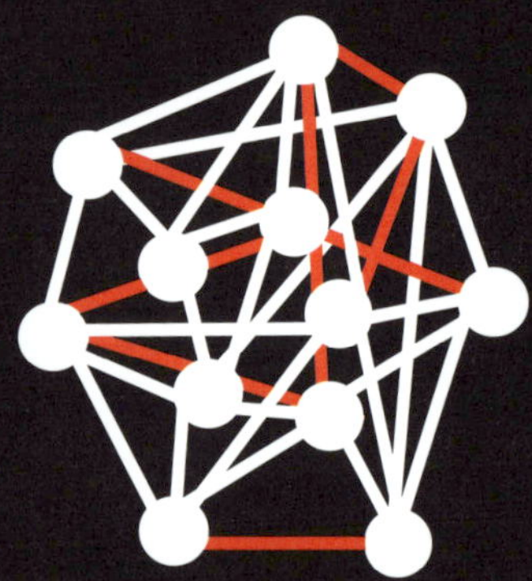

stark vernetzt

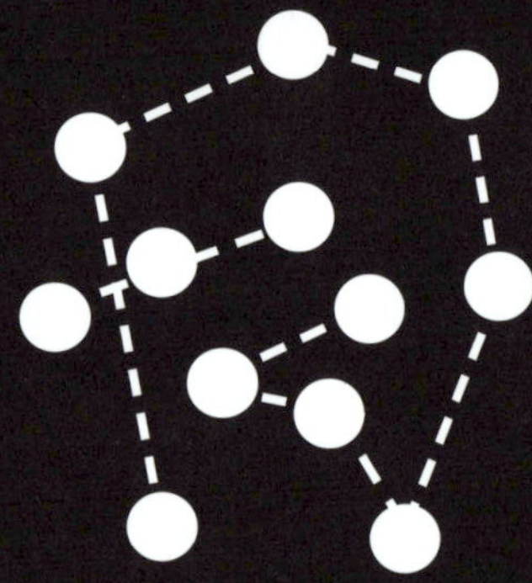

schwach vernetzt

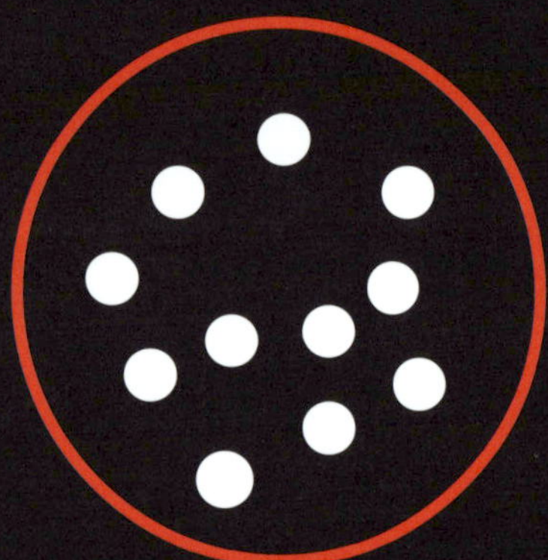

geschlossen

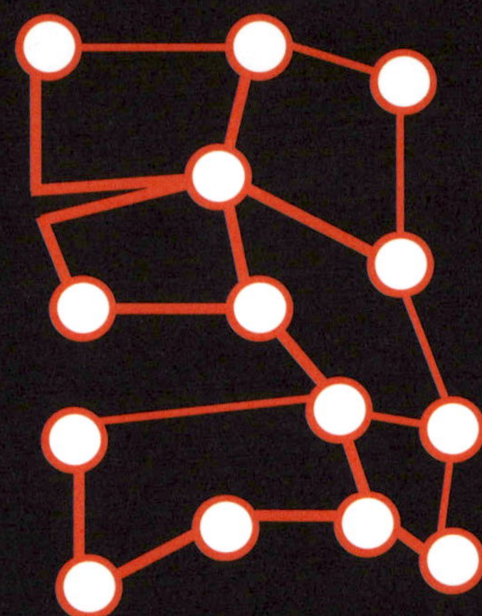

Grid

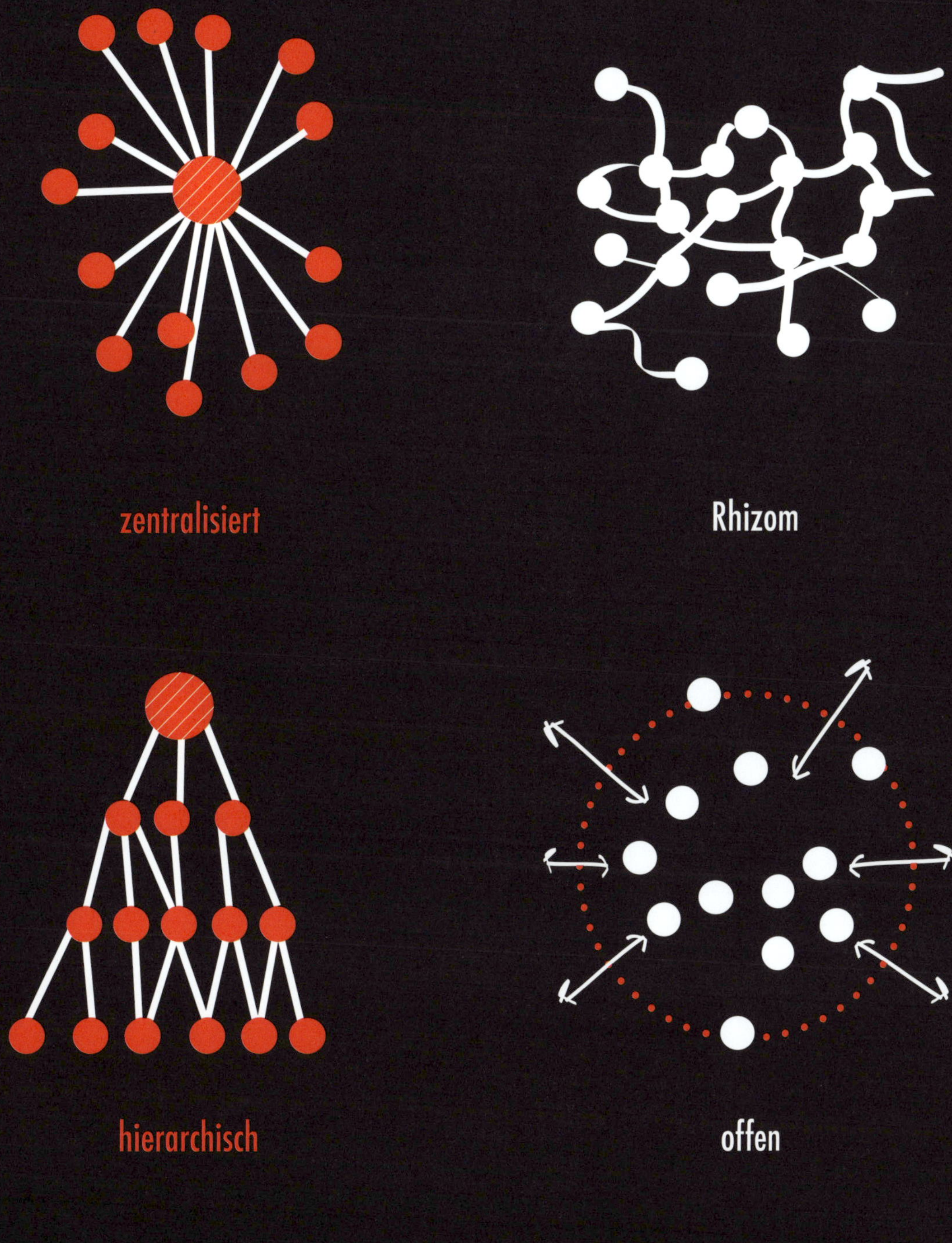
zentralisiert
Rhizom
hierarchisch
offen

Mechanische Systeme

Wo Kausalität regiert

Manche Systeme sind durch lineare mathematische oder physikalische Algorithmen vollständig beschreibbar. Wir nennen sie dann *mechanisch*, wenn jede einzelne Bewegung durch Input-Output-Wirkungen ohne starke Rückkopplungen zustande kommt. **Kausalität und Kohärenz** dominieren den Systemverlauf. Ein „Ergebnis" von Aktionen ist klar bestimmbar und wird allenfalls durch kleine Aberrationen beeinflusst. Dies nennen wir auch **Maschinenlogik**.

Das beste Beispiel sind die Planetenbewegungen: Wir können den Lauf der Gestirne, die Stellung der Planeten und viele andere astronomische Details **auf viele Jahrtausende voraussagen**. Die Bewegungen von festen Körpern im Raum sind durch die verlässlichen Gravitationskonstanten sehr stabil.
Es ist sicher kein Zufall, dass die ersten Prognostiker Himmelsereignisse zum Anlass nahmen, Zukunft vorauszusagen. Thales von Milet prognostizierte im Jahr 585 v. Chr. zum ersten Mal korrekt eine Sonnenfinsternis.

Mechanische Systeme sind **leicht prognostizierbar**: Sowohl Events als auch Verlauf lassen sich gut vorhersagen.

Allerdings sind mechanische Systeme **störanfällig**. Wenn ein Element fehlt (defekt wird), funktioniert meist das ganze System nicht mehr.

Mechanisches Denken ist deshalb von (berechtigter) *Angst* geprägt: *Etwas könnte kaputtgehen!*

»Ich kann die Bewegungen der Himmelskörper berechnen, aber nicht die Verrücktheiten der Menschen.«
Isaac Newton

Fraktale Systeme
Dynamik im Chaos

Als Edward Norton Lorenz, ein amerikanischer Meteorologe und Mathematiker, in den 1960er-Jahren Wettermodelle berechnete, fiel ihm auf, dass kleinste Abweichungen in den Ausgangsdaten nach einigen simulierten Tagen zu völlig verschiedenen Prognosen führten. Lorenz begründete mit dieser Erkenntnis die Chaostheorie, deren bekanntestes Sinnbild der **Schmetterlingseffekt** ist. Fraktale Systeme operieren, wie man in der Systemsprache sagt, *„am Rande des Chaos"*. Das heißt, dass die enorme Vielzahl von Agenten und Interaktionen gewaltige Ströme von Wahrscheinlichkeitskomponenten erzeugt, die zum *„Umkippen"* tendieren.

Fraktale Systeme neigen zu **Schüben von Veränderungen** mit relativ stabilen Zwischenphasen. In manchen Perioden ist das Wetter sehr konstant, in anderen turbulent und nahezu unvorhersagbar.

Fraktale Systeme sind nicht, wie es zunächst den Anschein hat, *„chaotisch"* im Sinne völliger Unberechenbarkeit. Sie sind **chaordisch** – pfadabhängig und selbst-stabilisierend.

Fraktale Systeme zeigen uns das Wesen von Adaptivität und Selbstregulation. Sie sind unerlässlich für die Entwicklung von Leben und Komplexität.

Giles Foden. Turbulence: A Novel of the Atmosphere; Faber and Faber Ltd., 2010

Emergente Systeme

Adaption als Grundprinzip

Emergenz:
„Wholes have properties not present in the parts“, formulierte der Sozialsystemforscher Nicholas Christakis (edge.org). Der dänische Systemphysiker Per Bak spricht von selbstorganisierter Kritikalität.

Das Wort *Emergenz* stammt vom lateinischen Verb *emergere*, „auftauchen lassen". Emergente Systeme sind evolutionär adaptive Systeme, die auf veränderte Umweltparameter (Störungen) mit *Innovation* reagieren können. In diesem Sinne sind sie zwar **nicht prediktiv**, das heißt, ihre Reaktionen sind nicht vollständig voraussagbar. Aber sie sind „verlässlich" (analysierbar) in Bezug auf ihre **evolutionäre Fitness**. Was in der Sprache der Biologie *„Evolutionsvariabilität"* heißt, lässt sich auch auf andere Systeme (Gesellschaft, Kultur, Ökonomie) übertragen.

Emergente Systeme sind Systeme, die aus Störungen **neue und bisweilen höhere Komplexität generieren**.

Wir können nicht ihr *„Endergebnis"* prognostizieren, wohl aber die Wahrscheinlichkeiten ihres Überlebens.

Fritjof Capra/Pier Luigi Luisi. The Systems View of Life: A Unifying Vision; Cambridge University Press, 2014

Das Prinzip der Selbstorganisation

Störung und Stabilität

Wie Menschen werden auch Schmetterlinge manchmal krank. Der Monarchfalter, der jährlich in Abermillionen Exemplaren von Nord- nach Mittelamerika schwärmt, trägt oft einen Parasiten, der seine Gesundheit und Lebenszeit massiv verkürzt. Weibliche Monarchfalter sind in der Lage, ihre Eier vorwiegend auf einer Pflanze abzulegen, die ein Toxin gegen diesen Parasiten enthält – so dass die nächste Generation gesunden kann.

Dieses Selbstheilungsprinzip, das der Biologe *Jaap de Roode* **„den anderen Butterfly-Effekt“** nennt, ist eine Eigenschaft komplexer Systeme, sich selbst zu (re-)organisieren. Sobald es in einer Umwelt Moleküle gibt, die *Konnektivität* entfalten, entstehen immer neue Kombinationen und Re-Kombinationen, die nach den evolutionären Gesetzen ausgelesen werden. „Gewinnen" werden auf lange Sicht immer Systeme mit Selbstreparatur-Eigenschaften.

Dieses Prinzip der Selbstorganisation ist ein wesentliches Zukunftsprinzip. In sozialen Systemen lässt sich beobachten, wie Ordnung – unabhängig von den Handlungen eines Organisators – **aus dem System selbst heraus entsteht.**

Im menschlichen Körper organisieren sich Organe, Nervenzellen, Energieströme ständig neu – *Störungen* sind dabei nur *Teil* des Selbstorganisations-Prozesses.

Alexandra Margareta Freund u.a. Selbstorganisation: Ein Denksystem für Natur und Gesellschaft; Böhlau Köln, 2006

Achim Stephan. Emergenz: Von der Unvorhersagbarkeit zur Selbstorganisation; Mentis-Verlag, 2005

Ludwig Huber. Wie das Neue in die Welt kommt: Phasenübergänge in Natur und Kultur; Facultas Universitätsverlag, 2000

Falko Dressler. Self-Organization in Sensor and Actor Networks; John Wiley & Sons, 2007

Small World Networks
Das offene Werden

Das Kleine-Welt-Phänomen (Small World Phenomenon) wurde vom Psychologen Stanley Milgram 1967 benannt. Es wurde ursprünglich als **„Sechs-Personen-Theorem“** bekannt: Jeder Mensch ist mit jedem anderen über eine überraschend kurze Kette von sechs Bekanntschaftsbeziehungen verbunden. Aber diese direkte Vernetzung entsteht nicht dadurch, dass *jeder* mit *jedem* vernetzt wäre. **Effektive Konnektivität** entsteht vielmehr durch **Cluster-Regeln**.

In der Systemforschung sind Kleine-Welt-Netzwerke diejenigen Systeme, die eine **ausgewogene Vernetzungskonfiguration** aufweisen. Das heißt, sie sind weder „überkomplex vernetzt" (jeder Punkt ist mit jedem verbunden) noch nur zufällig und lose vernetzt (unterkomplex). In Kleine-Welt-Systemen kann man Punkte von einer Seite des Systems zur anderen schnell verbinden, weil Knotenpunkte („Hubs") schnelle Verbindungen/Abkürzungen möglich machen. Das Verhältnis zwischen Zentralität und Dezentralität ist ausgewogen.

Small World Networks weisen damit eine ideale Balance zwischen Vernetzung und Variabilität auf. Sie sind **lernfähig und flexibel, aber trotzdem stabil.**

Kleine-Welt-Netzwerke tendieren zum Lächeln!

Duncan J. Watts. Six Degrees: The Science of a Connected Age; W. W. Norton & Company, 2004

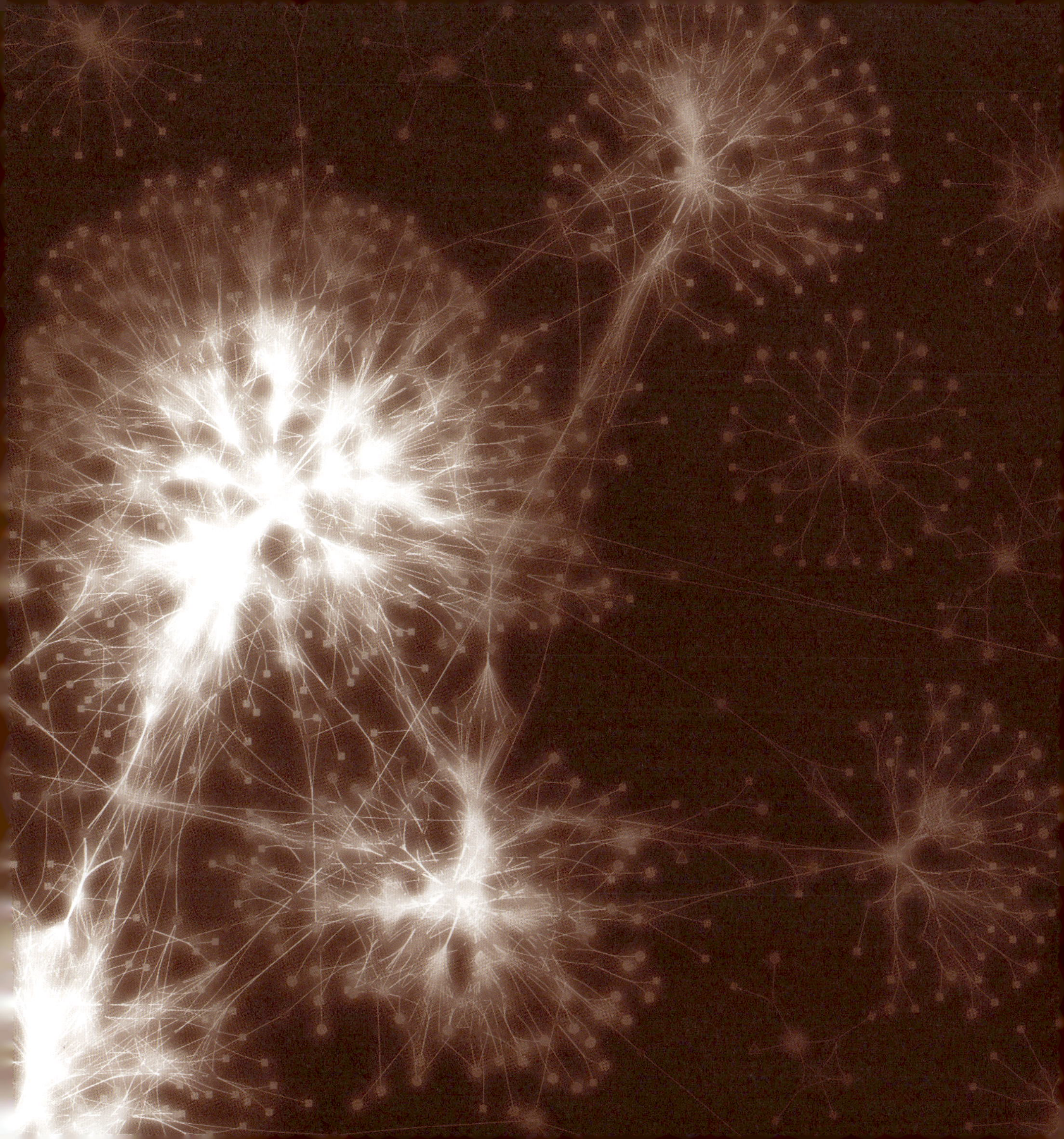

Das Hirn

Ein typisches Small World Network

Das menschliche Hirn ist ein klassisches „Small World Network". Obwohl es an die 100 Milliarden Synapsen besitzt, laufen so gut wie alle Verschaltungen über ca. 18 „Knotenpunkte". Die Speichersysteme der unterschiedlichen Hirnregionen können so schnell „ausgelesen" und prozessiert werden; es herrscht **Struktur bei gleichzeitiger Diversität**.

Olaf Sporns und seine Kollegen von der Indiana University haben in ihrer Arbeit zur Simulation eines Gehirns nachgewiesen, wie die typischen „Arbeitsmuster" des Hirns nur in einer solchen *Kleine-Welt-Struktur* entstehen können. Sind die Neuronen nur mit ihren direkten Nachbarn verbunden, entsteht nur ein punktuelles Aufflackern von Aktivität. Wären *alle* Neuronen miteinander verbunden, könnte das Hirn nur zwischen zwei Zuständen hin und her wechseln, bei denen fast alle Zellen aktiv oder inaktiv sind. Differenzierte Muster, die den echten Hirnaktivitäten ähneln, entstehen erst durch eine Mischung aus kurzen und langen Verbindungen.

Olaf Sporns, Dante R. Chialvo. Organization, development and function of complex brain networks, in „Trends in Cognitive Sciences", 2004

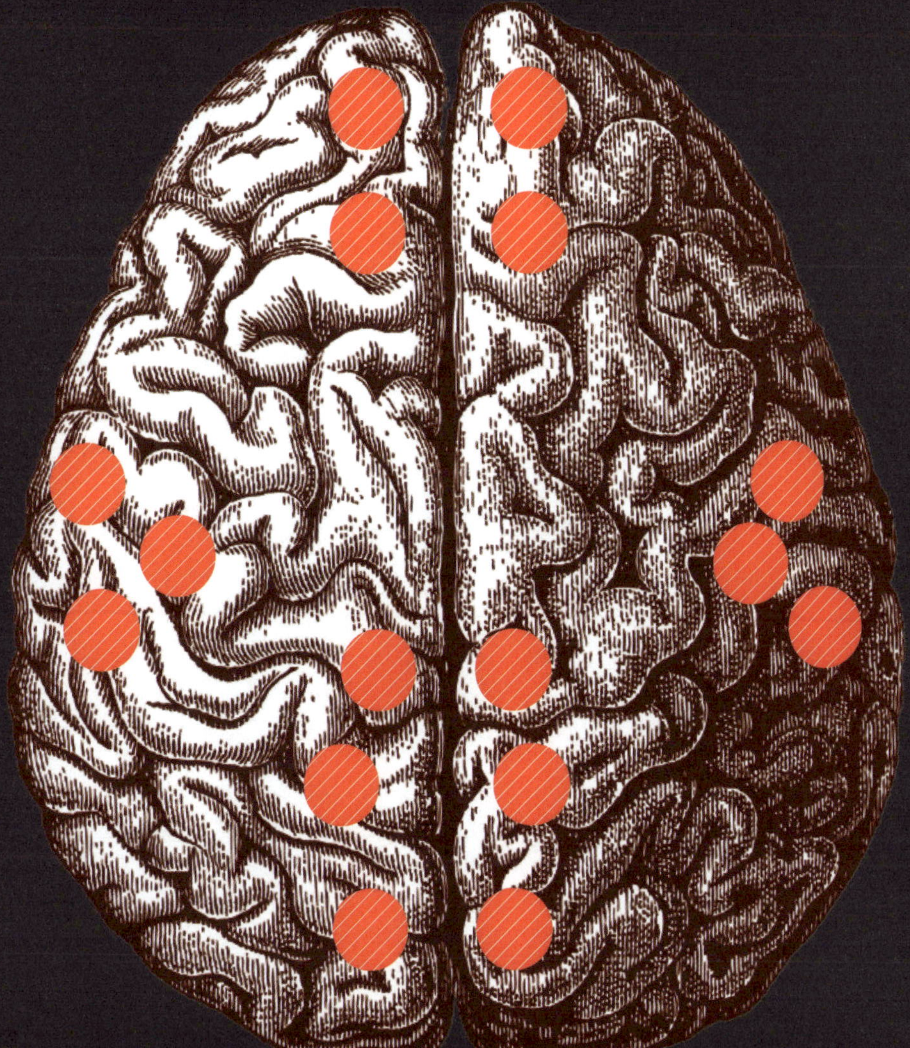

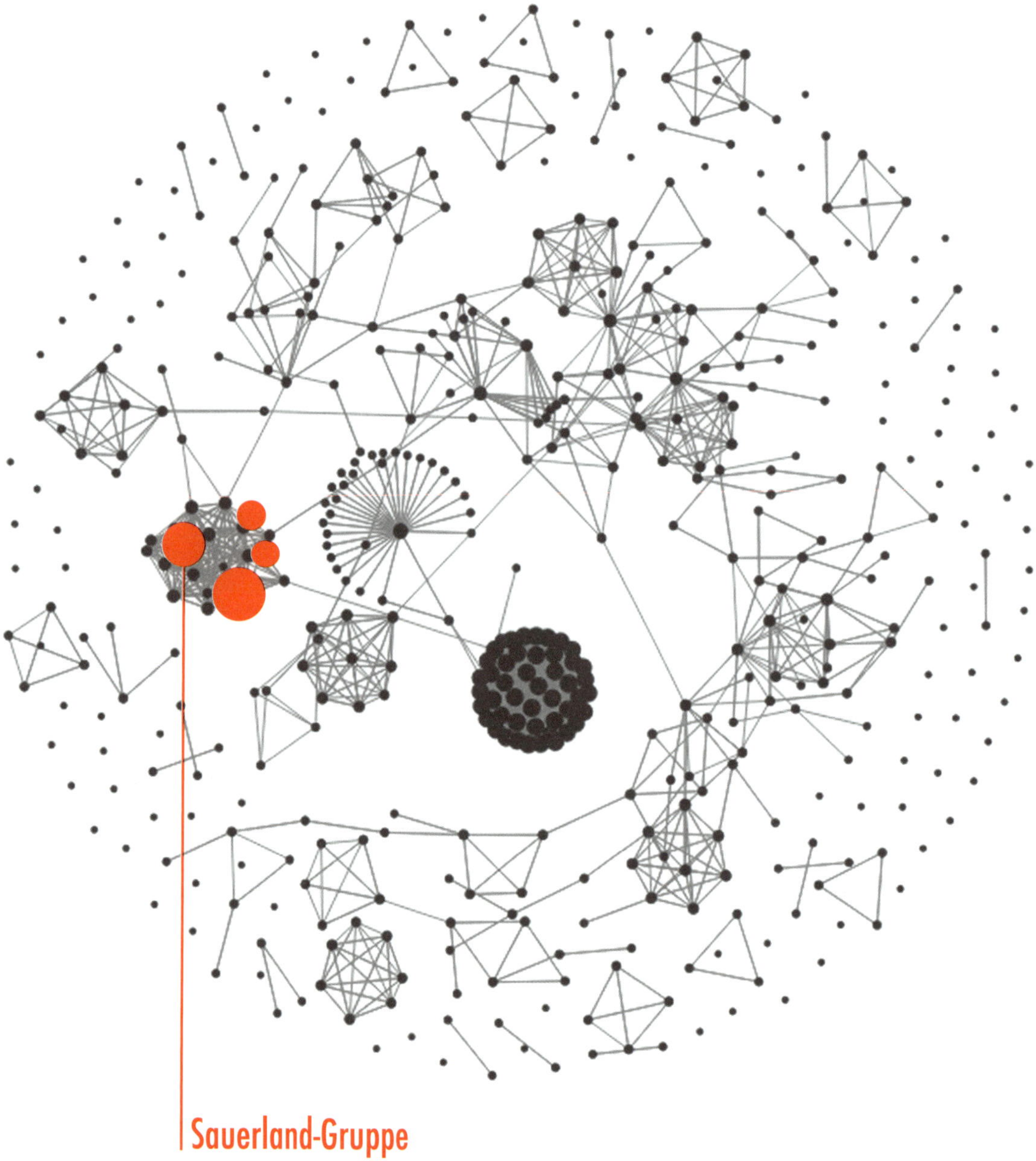
Sauerland-Gruppe

Ein Terror-Netzwerk

Untervernetzung als evolutionäre Strategie

Netzwerke entwickeln sich entlang ihrer Zwecke und Aufgaben. Die DNA ist nichts anderes als ein molekulares Netzwerk, das von der Natur in Milliarden Jahren zum Zweck der **Reproduktion** geformt wurde. DNA-Netzwerke sind robust, resilient und, wie wir erst seit Kurzem wissen, auch **emergent** im Sinne spontaner Anpassungsfähigkeit.

Diese Abbildung zeigt das Netzwerk der deutschen Islam-Terroristen. In dieser Grafik finden sich 400 Personen aus der *SPIEGEL*-Datenbank. Verglichen mit Schätzungen des Verfassungsschutzes, umfasst diese Auswertung etwa ein Drittel der gewaltbereiten Islamisten in Deutschland. Auffällig ist die lose Struktur, die sich in vielen Nicht-Verbindungen ausdrückt. Dadurch wird das Netzwerk **robust** im Sinne seines Zweckes, der **Klandestinität**.
Kein Zufall ist es, dass die verhafteten Mitglieder der Sauerland-Gruppe aus einem der dichtesten Cluster stammten. Dort, wo sich die Verbindungen ballen, lassen sich Muster erkennen.

Klandestine Systeme haben eine Tendenz zur Selbstbeschränkung, weil sie ihre Netzwerk-Kapazität nie ganz ausnutzen können.

Die Grafik interaktiv: www.spiegel.de/politik/deutschland/a-1000991.html

Beispiel: Das Taxi-System

Lächelt gar nicht!

Taxifahren ist ein Billiglohngeschäft. Man kommt nur mit Überstunden und ewigem Sitzen auf mehr als das Lebensminimum. Autofahren ist eine Tätigkeit, die das Hirn nicht unbedingt anregt. Aufstiegsmöglichkeiten sind rar. Das Wissen eines Taxifahrers mag enorm sein – er hat tausende von Straßen im Kopf, im Idealfall ist er ein „humanoides GPS". Aber im Zeitalter billig verfügbarer GPS-Systeme leidet er unter **Kompetenzverlust**. Der Fahrgast auf dem Rücksitz kann mithilfe seines Smartphones genauso gut wissen, wo es hingeht. In das Taxi, in das ich einsteige, steige ich wahrscheinlich nur einmal im Leben ein. Deshalb ist die **Rückkopplung** gering: Es gibt wenig Verbesserungsanreize.

Die Taxiunternehmen sind im Durchschnitt eher klein. Das Gewerbe ist aber extrem bürokratisch reguliert – mit Einheitspreisen. All das führt zu einem sehr konservativen Gewerbe, dessen Wandlungs-Unwille sich nicht selten in der mürrischen Stimmung der Fahrer ausdrückt.
Kein Wunder, dass Vernetzungsfirmen wie *Uber* oder *Mytaxi* das klassische Taxigewerbe extrem unter Druck setzen. Ein **„unglückliches System" kann schnell untergehen** – wenn es sich nicht wandelt.

Das (traditionelle) Taxi-System ist:
untervernetzt
überreguliert
innovationsarm

TAGESTHEMA
Einstellung gegen Geständnis?
JUSTIZ
Freitagsgebet hinter Gittern
UM ZIEL

Beispiel: Das Flug-System

Lächelt erstaunlich!

Das Gewusel auf dem Rollfeld, der Tanz der Kofferwägen und Caterer-Crews und Betankungs-Einheiten und Gangway-Schieber und Follow-me-Wagen, dieses ganze *„Rollfeldballett"* ist das Produkt einer auf hoher Komplexität aufgebauten kritischen Systembalance. Hohe Kooperation ist nötig, um den Flugverkehr sicher zu machen. Deshalb tragen Flugfeldarbeiter, selbst die geringer Qualifizierten, anders als Taxifahrer meistens einen hohen Stolz im Herzen. **Komplexitätsstolz**!

Flugzeuge haben eine in sich verschachtelte Sicherheitssystematik. Wenn ein System ausfällt, ist ein zweites zur Stelle. Wenn zwei ausfallen, gibt es eine Notlösung, eine Überbrückung. Analysen von Flugzeugunfällen zeigen, dass ungefähr 40 (!) Störungen *gleichzeitig* auftreten müssen, damit ein Flugzeug abstürzt. Damit ist das System enorm **resilient**.

So robust das Fliegen „selbst" ist – Vulkanausbrüche oder Streiks können über Nacht das **Gesamtsystem** zum Stillstand bringen. Und gerade deshalb *lächelt* das System, mit dem wir uns rund um den Erdball bewegen. Gerade, weil es unter Stress und permanenter Störung steht, ist es enorm **vital und erfinderisch**!

Das Flug-System ist:

Mehr-Ebenen-vernetzt

Hochgradig rückgekoppelt

Systemisch emergent

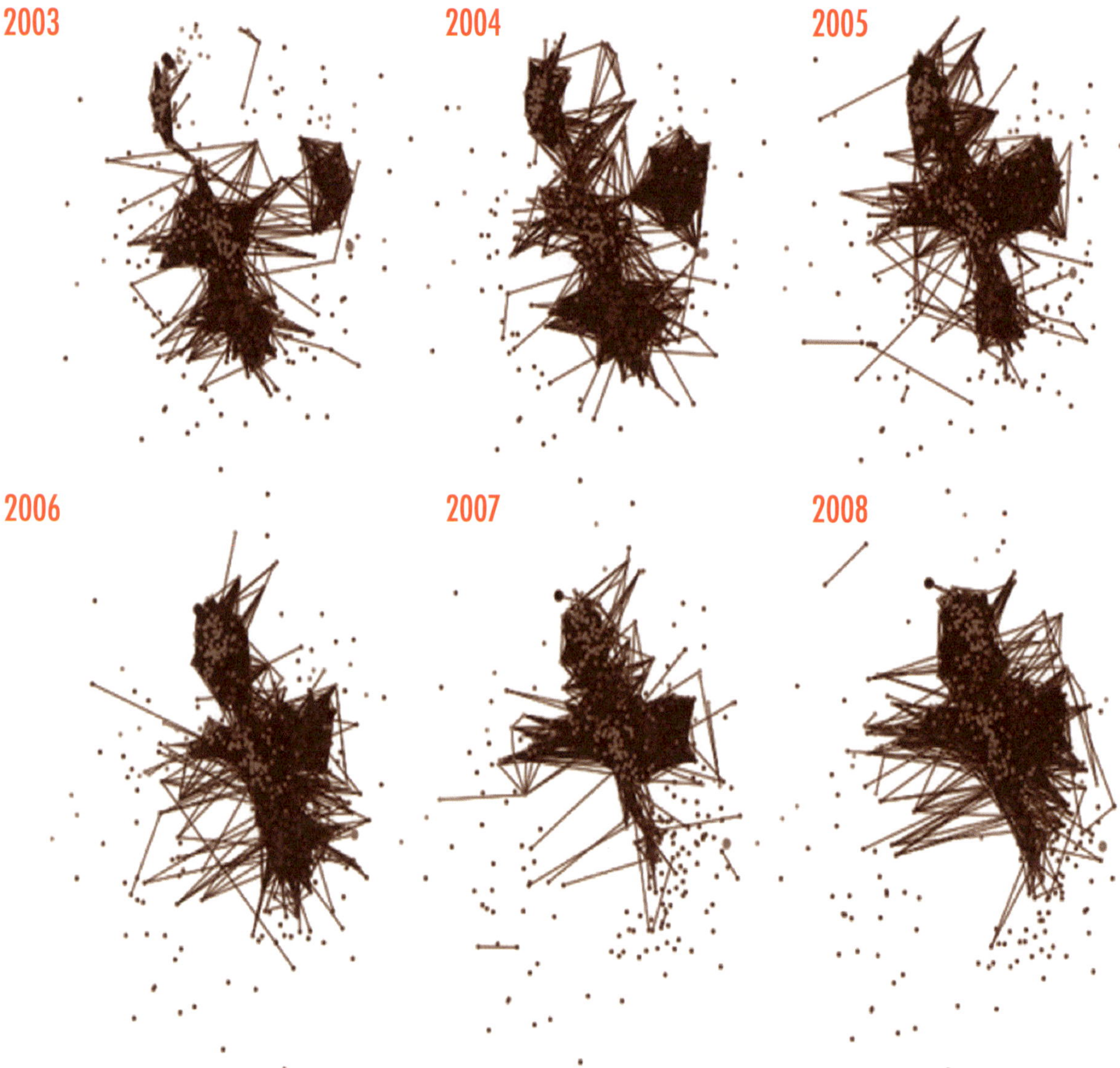

Wenn der Vernetzungsgrad eines Systems zu hoch ist, kommt es zu „Ansteckungs-regressionen". Die Finanzsysteme der Welt in der Netzwerk-Analyse.

Das Problem der Übervernetzung

Schwarmeffekte können gefährlich sein

Ist Vernetzung immer und überall positiv? Keineswegs. Im Internet erleben wir *Übervernetzung* als **destruktive Nervosität**. Die Bereitschaft zum *„Flaming"* und *„Trolling"*, die Bereitschaft, Gerüchten und Verschwörungstheorien anstandslos zu folgen – all das weist auf einen Mangel an Rückkopplung hin. **Man muss sein Gesicht nicht zeigen!**

Der Systemforscher Alessandro Vesignani hat jene Systeme erforscht, die zur systemischen **Super-Synchronisation** neigen. Wenn alles mit allem vernetzt ist, können **Störungskaskaden** sich aufschaukeln und zu katastrophischen Effekten führen. Bei solchen Systemen ist es generell unmöglich, das abstrakt-globale Verhalten vom Verhalten einzelner Komponenten zu unterscheiden. Systemversagen breitet sich schockwellenartig aus, Fehlfunktionen „infizieren" die anderen Teile des Systems.

In der Studie **„Catastrophic cascade of failures in interdependent networks"** schildern die Autoren u.a. die „Ansteckung", mit der das von der Mafia regierte Müllkippensystem in Süditalien schließlich das ganze Müllentsorgungssystem Italiens infizierte. Durch die „guten Beziehungen" der Camorra nach Norditalien wurden auch die dortigen Müllkippen und Entsorgungssysteme korrumpiert.
In **„Networks of Economic Market Interdependence and Systemic Risk"** beschreiben die Wissenschaftler diese Ansteckungspotentiale für die Finanzmärkte – und erklären daraus die Finanzkrise von 2008 als Über-Synchronisation der einzelnen Systemteile, die plötzlich „im Gleichmarsch" reagieren.

Dion Harmon/Blake Stacey/Yavni Bar-Yam/Yaneer Bar-Yam. Networks of Economic Market Interdependence and Systemic Risk; arXiv, Nov. 17/2010

Alessandro Vespignani. The fragility of interdependency; Science, Vol. 328 No. 5976, April 15, 2010

Law of Requisite Variety

Das Gesetz der notwendigen Vielfalt

Eine der klassischen Ursachen für Systemversagen ist das Complexity Mismatch. Dahinter steht eine Grundregel:

Ein Regelungssystem muss mindestens genauso komplex sein wie das System, das es regelt, um die Stabilität des Gesamtsystems zu garantieren.

Die Intelligenz einer Führungsmannschaft muss mindestens so hoch sein wie die Gesamt-Komplexität des Systems (des Unternehmens und seiner Aktivitäten in der jeweiligen Umwelt) selbst! Komplexe Umwelten erfordern komplexe kognitive Systeme. Da ein Individuum mit dieser Komplexität überfordert wäre, geht es um *Diversität* als Verbindung unterschiedlicher Sichtweisen und Weltbilder **als Produktivitätsmittel**!
Vielfalt im Management ist also nicht einfach nur eine moralische Forderung im Sinne von *„Auch Minderheiten sollten repräsentiert sein"*. *„Diversity"* ist in Wirklichkeit systemische Grundvoraussetzung komplexer Organisationen in komplexeren Umwelten!

Jens Christian Claussen/Arne Traulsen. Cyclic Dominance and Biodiversity in Well-Mixed Populations; Physical Review Letters; 7 February 2008

Ross Ashby. Requisite variety and its implications for the control of complex systems; Cybernetica 1:2, S. 83–99, 1958

http://pcp.vub.ac.be/Books/AshbyReqVar.pdf

Das Team des **Raumschiffs Enterprise** ist **divers** genug, um die komplexen Aufgaben der Sternenflotte zu bewältigen. **„Multikulti“** von Android über Klingone bis alter Haudegen – plus zwei autonome Frauen, eine davon alleinerziehend. Was sind diese Aufgaben? Nach dem Grundkodex der Föderation

a) das Erforschen von unbekannten Welten, Entitäten, Energie- und Lebensformen und

b) das Herstellen und Garantieren von Frieden innerhalb der Grenzen der Galaktischen Konföderation.

Dazu benötigt man eine Menge **unterschiedlicher** Charaktere: Aliens, Cyborgs, Haudegen, Pragmatiker, alleinerziehende Mütter und andere Außerirdische.

RESILIENZ
Die neue Nachhaltigkeit

Das lateinische *resilio* bedeutet abprallen, zurückspringen. Schon Anfang der 1970er benutzte die Entwicklungspsychologin Emmy E. Werner den Begriff, um zu erklären, warum manche von ihr (im Rahmen einer Langzeitstudie auf der Hawaii-Insel Kauai) untersuchte Kinder, die unter extrem widrigen Umständen aufwuchsen, dennoch später zu gesunden und selbstbewussten Persönlichkeiten heranreiften. Seither forschen Psychologen daran, welche Faktoren zusammentreffen müssen, damit Menschen nicht an Trauma- und Krisensituationen zerbrechen. Aber längst hat der Begriff seinen Weg in die Systemforschung gefunden.

Resilienz ist heute ein Thema, das die Stadtplanung betrifft. Die Ökonomie. Die Architektur. Die Unternehmen. Politik. Unser ganzes Kultursystem. Konferenzen zum Thema *„Resilient Cities"* fragen danach, wie es katastrophengebeutelten Städten wie Hiroshima, Banda Aceh oder New Orleans gelingen konnte, wieder auf die Beine zu kommen. Die englische „Sunday Times" brachte 2010 eine Geschichte über die zehn „most resilient" Fußgängerzonen Großbritanniens, die sich dem Niedergang der Provinz-Innenstädte entgegenstemmen.

Prognose: Resilienz wird in den nächsten Jahren den schönen, aber naiven Begriff der *Nachhaltigkeit* ablösen. Hinter der Nachhaltigkeit steckt eine alte Harmonie-Illusion: dass es einen fixierbaren, dauerhaften Gleichgewichtszustand geben könnte, in dem wir uns mit der „Natur" ausgleichen könnten. Resilienz hingegen *rechnet* mit dem Wandel – und akzeptiert Krisen als Teil des Evolutionsprozesses.

Komplexität und Resilienz
Ökonomie als Netzwerk

Komplexe Systeme gelten gemeinhin als fragil und *„empfindlich"*. So nehmen wir etwa im romantischen Weltbild *„Natur"* als *„zerbrechlich"* wahr. Aber hinter der Verwechslung von Komplexität und Kompliziertheit steht ein mechanischer, linearer Denkfehler. Komplexität ist nämlich gleichzeitig das Wesen von Varianz und *„Toleranz"* im Sinne einer aktiven Fähigkeit.

The Atlas of Economic Complexity zeigt uns Analysen der Volkswirtschaften in den einzelnen Ländern der Erde. Für jedes einzelne Land lässt sich hier ersehen:

- was das Land produziert – von Rohstoffen über Produkte bis zu Dienstleistungen
- wie relevant die einzelnen Sektoren für die gesamte Volkswirtschaft sind
- wie die einzelnen Sektoren miteinander vernetzt sind

Wenn man sich mit diesem Big-Data-Analysensystem näher beschäftigt, wird deutlich, dass sich diejenigen Volkswirtschaften, die eine *Vielfalt* ökonomisch vernetzter Aktivitäten betreiben, am flexibelsten auf Krisen reagieren können. Erlebt der eine Sektor – beispielsweise der Finanzsektor – eine Krise, können andere Sektoren dies leicht ausgleichen. Hier wird ein Gegenmoment gegen den **„Ripple-Effekt"** deutlich, mit dem sich Krisen global bewegen: Die *lokale Komplexität* kann *globalen Störungen* durchaus widerstehen. Ökonomien können sich *flexibel neu erfinden*, wenn sie *vielfältig genug* dazu sind.

Hausmann, Hidalgo et al. The Atlas of Economic Complexity: Mapping Paths to Prosperity, MIT Press Jan. 2014

http://atlas.cid.harvard.edu

GERMANY

ECONOMIC COMPLEXITY INDEX [2008] ▸ 1.985 / (2/1)

EXPECTED GDPpc GROWTH * ▸ 2.34% / (67/1)

*Expected annual average for the 2009-2020 period.

2008

PRODUCT SPACE ▸

PRODUCT EXPORTED WITH RCA>1

PRODUCT NOT EXPORTED WITH RCA>1

NODE SIZE IS PROPORTIONAL TOWORLD TRADE

Antifragilität

Das Prinzip des Lebens

Nassim Nicholas Taleb, Börsenspekulant, Zufalls- und Wahrscheinlichkeitsforscher, hat in einem intellektuell anspruchsvollen und emotional wütenden Buch den Begriff **Antifragilität** in die Zukunftsdebatte geworfen. Im Kapitel *What kills us makes others stronger* (S. 71, englische Ausgabe) führt er aus:

„Wenn du fragil bist, bist du davon abhängig, einem ganz genau geplanten Kurs zu folgen, mit so wenig Abweichung wie möglich – weil Abweichungen immer mehr Nachteile als Vorteile bringen. Deshalb muss das Fragile immer sehr „voraussagend" sein – und umgekehrt erzeugen fragile Systeme Vorhersagbarkeit. Wenn du nach Umwegen suchst, und du hast kein Problem mit Störungen, weil ihr Resultat immer willkommen ist, dann bist du antifragil..."

- **Robustheit** bedeutet die *unveränderte* Stabilität eines Systems: Allerdings sind robuste Systeme oft auch unbeweglich (gepanzert), und damit fragil.
- **Redundanz** bedeutet, dass ein System über mehrere „Ausweichschnittstellen" verfügt. So wie Flugzeuge über Backup-Systeme verfügen.
- **Resilienz** heißt, dass ein System fähig ist zu *variabler Neu-Organisation*. Es kann nicht nur im Sinne der Anpassung reagieren, sondern sich dabei selbst verändern.
- **Antifragilität** bedeutet, dass ein System (ein Mensch, eine Gesellschaft, eine Firma) *störungsaffin* agiert, also Kritik/Abenteuer/Innovation begrüßt und Unsicherheit bejahen kann. Antifragilität ist das Wesen evolutionärer Adaptivität. Antifragile Systeme sind *zukunftssicher* – gerade weil sie im mechanischen Sinne nicht „sicher" sind.

Nassim Nicholas Taleb. Antifragilität: Anleitung für eine Welt, die wir nicht verstehen; btb Verlag, 2014

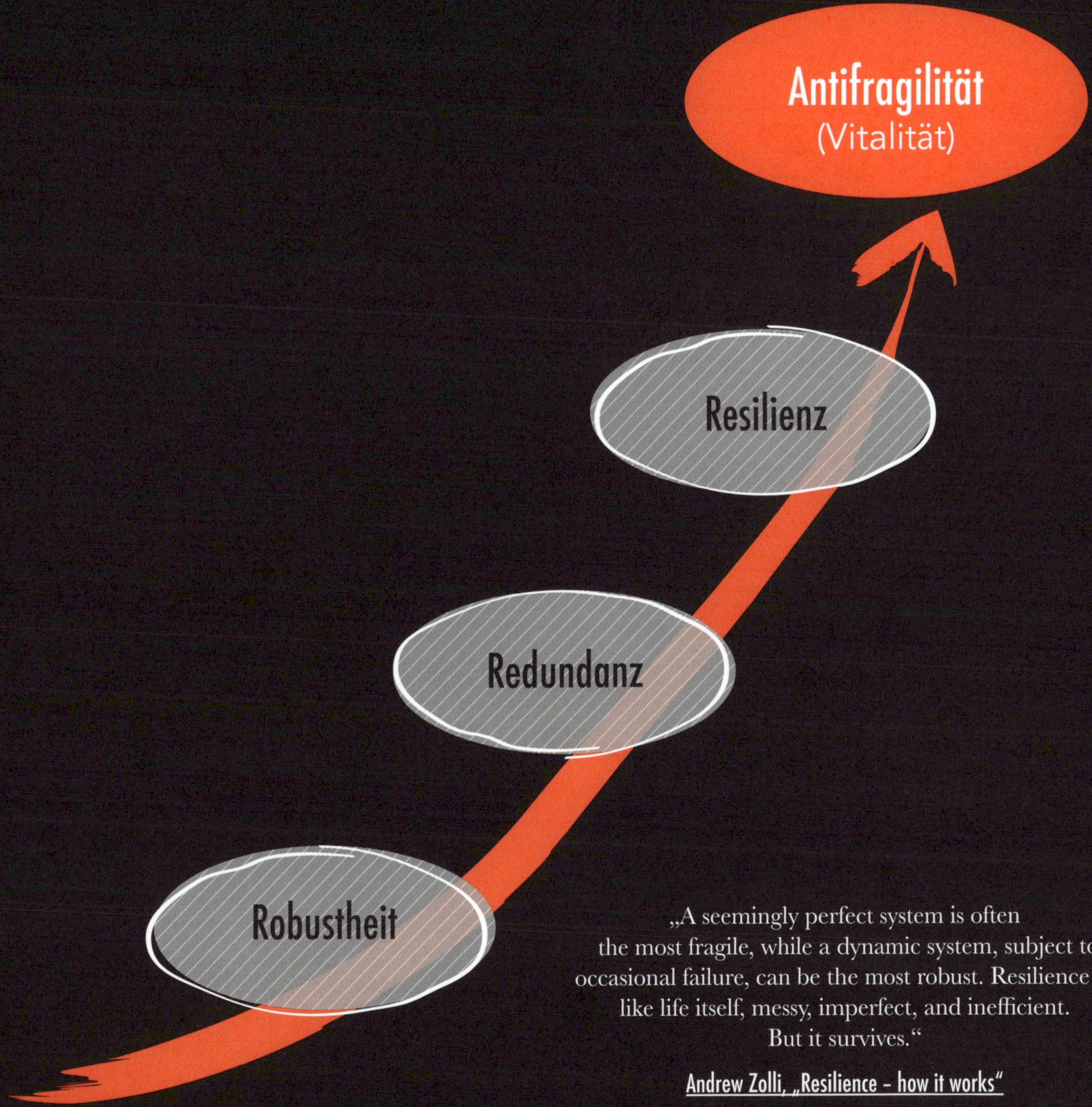

„A seemingly perfect system is often the most fragile, while a dynamic system, subject to occasional failure, can be the most robust. Resilience is, like life itself, messy, imperfect, and inefficient. But it survives."

Andrew Zolli, „Resilience – how it works"

IN WELCHER RICHTUNG LIEGT DIE ZUKUNFT?

DIE MYTHOLOGIEN DER ZUKUNFT VERSTEHEN

Der Beschleunigungs-Mythos

Eine Sinnestäuschung

Wird „alles immer schneller"? Diese These steht am Anfang fast aller Behauptungen über die Zukunft. Das Problem ist nur: Sie lässt sich mit empirischen Mitteln kaum nachweisen. Weder fahren Autos heute schneller, noch verlaufen Innovationssprünge in deutlich kürzeren Abständen. Vieles weist sogar auf eine *Ent-Schleunigung* des Fortschritts hin.

Die Mär von der technischen Beschleunigung wird dennoch den Zukunftsdiskurs nicht verlassen. Denn der **Akzelerismus** ist eine **narrative Ermächtigung** desjenigen, der über die Zukunft spricht. Beschleunigung erzeugt einen kognitiven Notstand, der dem Futuristen die *Deutungsmacht* überschreibt: Nur ER kann mit dem Zustand der „immerwährenden Zunahme" umgehen.

Außerdem ist der Beschleunigungs-Glaube ein Teil jener Gegenwarts-Eitelkeit, in der wir jeweils unsere *momentane* Epoche als die wichtigste und gefährlichste wahrnehmen. **Wer möchte schon in „normalen" Zeiten leben?** Die Behauptung des Ausnahmezustands macht uns stolz auf unsere Zeit. Sie *adelt* uns als *Welt-Entscheider*.

Douglas Rushkoff. Present Shock: When everything happens now; Current Hardcover, 2013

Neal Stevenson. Innovation Starvation; World Policy Journal 28: 11-16; September 2011

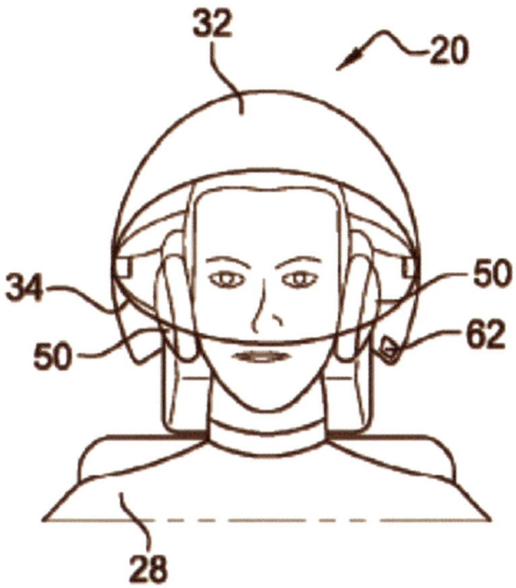

Fig. 5

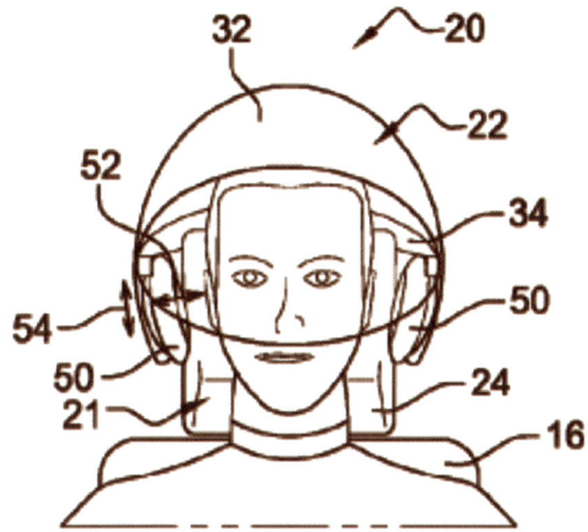

Fig. 6

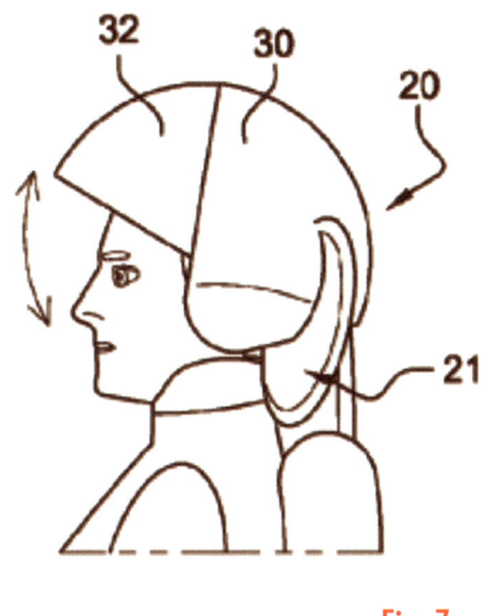

Fig. 7

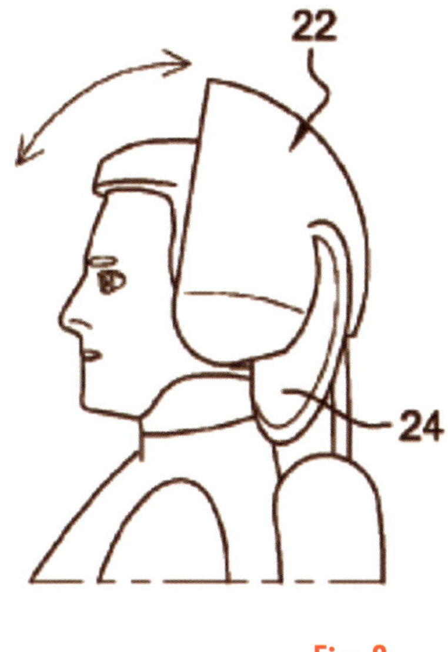

Fig. 8

Der Kontroll-Mythos

Eine männliche Zukunft

Nichts fürchten Menschen so sehr wie den Verlust der Kontrolle. Deshalb findet sich im Mittelpunkt aller Sci-Fi-Filme stets das **Kontrollpult**. Der meist männliche Protagonist kontrolliert die gesamte Umwelt durch einen Akt des **Monitoring und der Manipulation**. Der alte technologische Traum: *Die Welt als Ver-Fügung.*

Im Kontrollpult manifestiert sich die Phantasie der *Totalautomatisierung* gleichzeitig als narzisstische Übersteigerung: Wir wollen alles „im Griff" haben, ohne uns dafür anzustrengen. Allerdings hat die Kontrollphantasie immer auch eine Kehrseite: **eine Heidenangst vor dem Kontrollverlust!** Deshalb bestehen *Zukunftsfilme* im Wesentlichen aus der Dialektik von **Kontrolle und Explosion**:

- Im Raumschiff *Nostromo* kontrollieren die Astronauten die Position des *Aliens*. Erst als das Kontrollpult zerstört wird, gerät die Lage außer Kontrolle.

- Auf der Brücke der *Enterprise* explodieren regelmäßig zum Höhepunkt des Spannungsbogens die Kontrollpulte.

- Im Atomkraftwerk wird die verlassene, zerstörte Schaltzentrale immer als letzter Beweis für das finale Versagen von Technik gezeigt.

Singularität

Der technische Erlösungsmythos

Die Steigerung des Kontroll- und Beschleunigungsmythos finden wir in der **hypertechnischen Erlösungsgeschichte**. Die radikalste Variante dieser Eschatologie ist die **Singularität** von Ray Kurzweil. *Singularität* bedeutet die **Inkorporation des Menschen im Technikum** – durch Künstliche Intelligenz und Hypervernetzung werden wir zu Überwesen, die über Unsterblichkeit und Allmacht verfügen. Wir transformieren uns von einem leidenden, fleischlichen Mängelwesen in eine unsterbliche Entität. Das ist die Phantasie der **Transhumanisten**, die einen wesentlichen Teil des Zukunftsmythos „besetzten".

Als Botschafter dieser Erzählung lässt sich der **Human-Roboter** erkennen, der die Maschinen-Erlösung des Menschen symbolisch vorwegnimmt. Im Roboter spiegelt sich gleichzeitig die Angst vor dem *Ersetztwerden* und dem *Überflüssigsein*. *Künstliche Intelligenz* markiert die hypertechnische Erlösungsphantasie als Kehrseite eines **menschlichen Minderwertigkeitskomplexes**: Nichts fasziniert so sehr wie die Idee einer kommenden *Ersetzbarkeit* durch eine *übermächtige Macht*.
Spätestens an diesem Punkt werden die Parallelitäten zwischen religiösen und technik-utopischen Narrativen deutlich.

Ray Kurzweil. The Singularity is Near; Penguin, 2005

„Von unfassbaren Katastrophen eingeschüchtert und von winzigen Störungen verfolgt, leben wir in einer durchlöcherten Normalität, durch die das Chaos uns höhnisch entgegengrinst.“

Hans Magnus Enzensberger

Der Untergangsmythos

Endzeit als Faszination

Der derzeit *dominante* Zukunftsentwurf ist ohne Zweifel der *Endzeit*-Mythos. Kein Narrativ hat in den letzten Jahren mehr an Deutungsmacht gewonnen als die Idee einer zukünftigen Welt als menschenleere Trümmerwüste.
Während frühere Untergangsvisionen sich eher auf Motive des *technischen Versagens* oder der *ökologischen Katastrophe* bezogen, geben sich heutige **Apokalypsen** eher philosophisch/existentialistisch. „Der Mensch" vernichtet sich selbst aufgrund seiner Bösartigkeit und Dummheit. Gewalt und Zerstörung, Korruption und Dekadenz: Statt Aliens sind es Zombies, die uns verzehren. In Doomsday-Filmen wie *„The Road"* oder *„Die Wand"* wird völlig auf eine Erörterung von Ursachen verzichtet. **Die Welt ist als solche verderbt!**

Ein Teil der Konjunktur dieser depressiven Zukunftsbilder lässt sich auf den radikalen Wandel der Medienwelt zurückführen. Die totale Konnektivität der Medien zerstört kognitive Muster, die uns eine *realistische* und *moderate* Einschätzung der Welt ermöglichten. Ging es früher im medialen Diskurs noch darum, dem Leser, Zuschauer, Zuhörer die Welt als Handlungsraum zu interpretieren, treten Medien heute in ein neues Stadium der Erregungskultur ein: **Skandalisierung, Alarmismus und Hysterisierung** sind die Kennzeichen einer **kognitiven Krise**. Medien sind heute Agenten einer Zeitströmung, die sich die Zukunft nur noch als *Verlust* denken kann.

Jean-Paul Clébert. Die Angst vor dem Weltuntergang; Bastei Lübbe, 1998

Simon Briscoe/Hugh Aldersey-Williams. Panicology: What's There to Be Afraid Of?; Penguin, 2009

Ulrich Beck. Weltrisikogesellschaft: Auf der Suche nach der verlorenen Sicherheit; Suhrkamp, 2008

Georg Franck. Ökonomie der Aufmerksamkeit: Ein Entwurf; Carl Hanser, 1998

Hugo Stamm. Im Bann der Apokalypse; Pendo Verlag, 1998

Frank Furedi. Culture of Fear Revisited; Continuum, 2006

Warum wir die Apokalypse lieben

Die Psychologie des Untergangs

Warum faszinieren uns Bilder des Weltuntergangs? Apokalyptische Landschaften, in denen die Zombies herrschen, vom Dschungel überwucherte Großstadt-Ruinen, in denen die „letzten Menschen" ums Überleben kämpfen – das ist der Unterhaltungsstoff von heute. Jedes zweite Videospiel spielt inzwischen in finalen Endzeiten, und im Kino und Buchhandel stapeln sich die drastischen Dystopien.

Eva Horn, Literaturwissenschaftlerin und Philosophin, hat in ihrem Buch *„Zukunft als Katastrophe"* die Apokalypse-Phantasie als eine Art *Future Bias* entschlüsselt:
Selbst-Reflexion. „Die Katastrophe ‚testet' den Menschen, seine Stärke und Belastbarkeit, zeigt ihn als heroisch oder egoistisch, verletzlich oder belastbar (...) sie entwirft eine eigene Anthropologie des Desasters."
Selbst-Erhöhung: In einer verwalteten Welt, in der Gefahren im Alltag weitgehend ausgeblendet sind, dient die Apokalypse als Folie für die Wiederherstellung von echtem Heldentum. „Die Welt retten" – was könnte es Edleres geben?
Schuldabwehr: In der Apokalypse-Phantasie bestrafen wir uns selbst für unsere „zivilisatorischen Sünden" – eine moderne Schuldreligion, nur dass die Ablasszettel heute ökologisch bedruckt werden.
Gleichheit im Tode: Die Vorstellung des individuellen Todes ist für uns alle unerträglich. Wir beneiden die Jüngeren um ihre Jugend und ihre Fähigkeit, uns zu überleben. In der Phantasie des *großen Weltendes* wird daraus aber eine neue Gerechtigkeitsvision. *Alle* müssen zum *gleichen* Zeitpunkt sterben!

Eva Horn. Zukunft als Katastrophe; S. Fischer, 2014

„Der Mensch beschaut sich
und seine Welt im erhellenden Blitz
des Desasters, er beleuchtet seine
Enden und Grenzen.“

Eva Horn

Die vier Super-Szenarios der Zukunft

Schon Immanuel Kant unterschied in der Preisschrift „Erneuerte Frage: Ob das menschliche Geschlecht im beständigen Fortschreiten zum Besseren sei?" (1789) drei grundlegende „Zukünfte":

- **Eudämonismus** (beständiger Fortschritt)
- **Terrorismus** (ständige Verschlechterung bis zum Ende)
- **Abderitismus** (zufälliger Wechsel von Auf und Ab)

Da die menschliche Psyche Ambivalenz und Unsicherheit nur schwer ertragen kann, tendieren wir zur „sauberen Lösung" in Sachen Zukunft. Deshalb lösen wir komplexe Zukunftsbilder tendenziell zugunsten einer der vier **Grundvisionen** auf.

Jeder Prognostiker befindet sich deshalb immer in einem kollektiven Resonanzraum, der die Echos dieser vier „Superszenarios" zurückwirft. Und gleichzeitig STEUERN diese Grundeinstellungen kulturelle Grundeinstellungen:

Zukunftsbilder konstituieren Weltbilder, und *diese* steuern auf vielfältige Weise politische Groß-Haltungen und Zeitgeist-Phänomene.

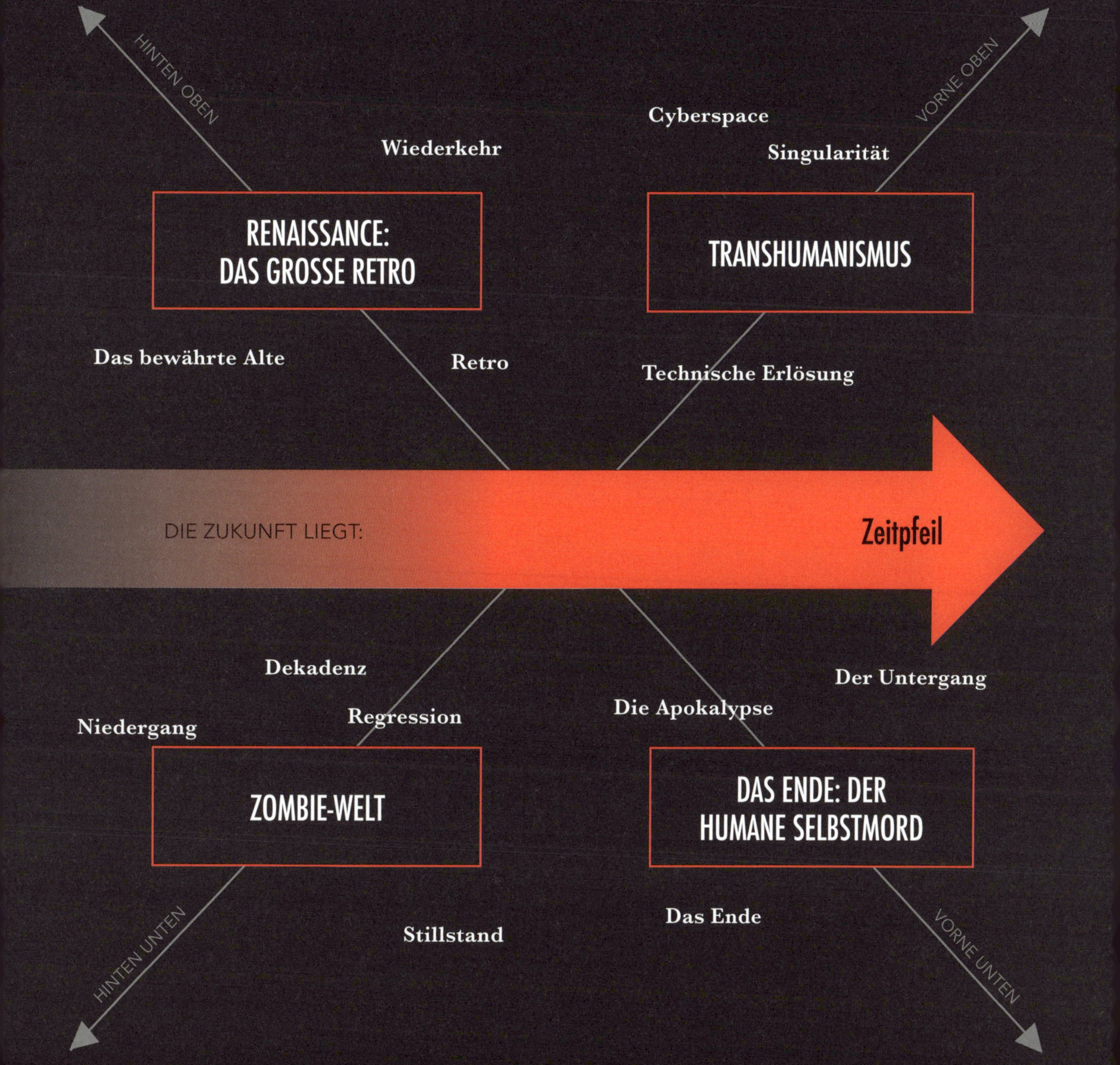
HINTEN OBEN
VORNE OBEN
Cyberspace
Wiederkehr
Singularität
RENAISSANCE: DAS GROSSE RETRO
TRANSHUMANISMUS
Das bewährte Alte
Retro
Technische Erlösung
DIE ZUKUNFT LIEGT:
Zeitpfeil
Dekadenz
Der Untergang
Die Apokalypse
Regression
Niedergang
ZOMBIE-WELT
DAS ENDE: DER HUMANE SELBSTMORD
Das Ende
Stillstand
HINTEN UNTEN
VORNE UNTEN

Jenseits des Determinismus

Die Zukunft als Endlosschleife

Stellen wir uns vor, die Zukunft läge gar nicht in einer *bestimmten* Richtung. Renaissance, Ende, Niedergang und Erlösung wären **Teil** einer immerwährenden Story des menschlichen Lebens. Die Zukunft entstünde in einer **zyklischen Rekursion**, in der sich der Zeitpfeil *„um sich selbst dreht"*. Dabei entsteht – langfristig und immer wieder bedroht – Komplexität, Freiheit, Wahlmöglichkeit, **Bewusstsein**. Phasen der Wiederholung, des Stillstands und der Regression wechseln sich mit Fortschrittsgewinnen ab, Niedergänge und Krisen sind die Bedingungen neuer Konnektivität.

Die nonlineare Zukunft

Noch radikaler gedacht, könnte Zukunft sich gänzlich vom *Vorne* verabschieden. In einer dezentrischen Betrachtungsweise **sind wir von Zukünften umgeben!** Damit verabschieden wir uns endgültig von den Fesseln der Kausalität und der Linearität. Eine solche Evolution hätte kein Ziel, aber einen Sinn. Sie wäre *ergebnisoffen*, aber nicht richtungslos.

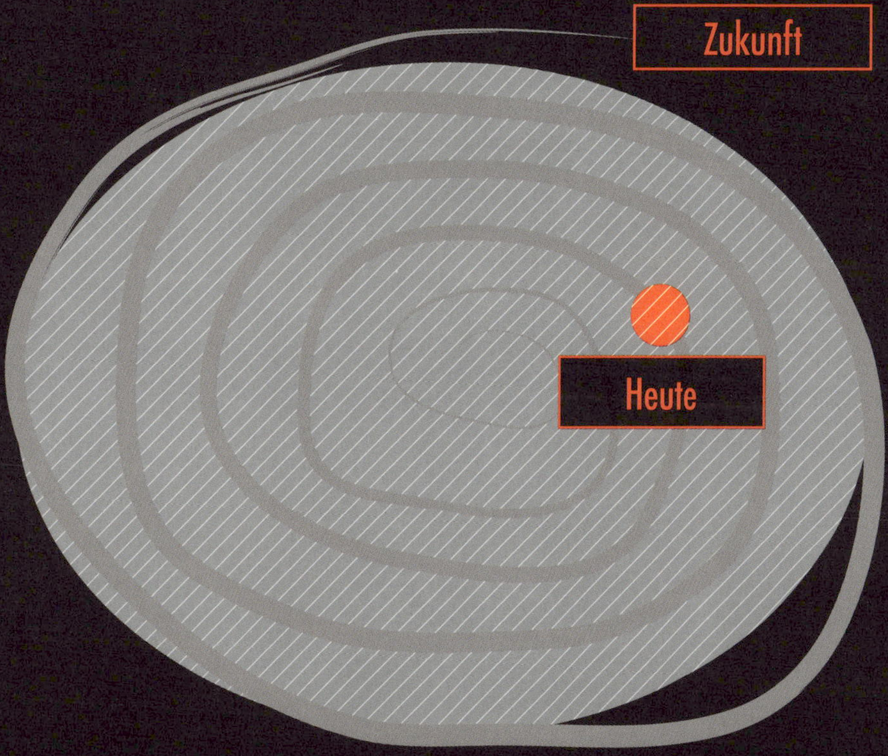

FUTURE ROOMS
Die Think-Tank-Formate des
Zukunftsinstituts

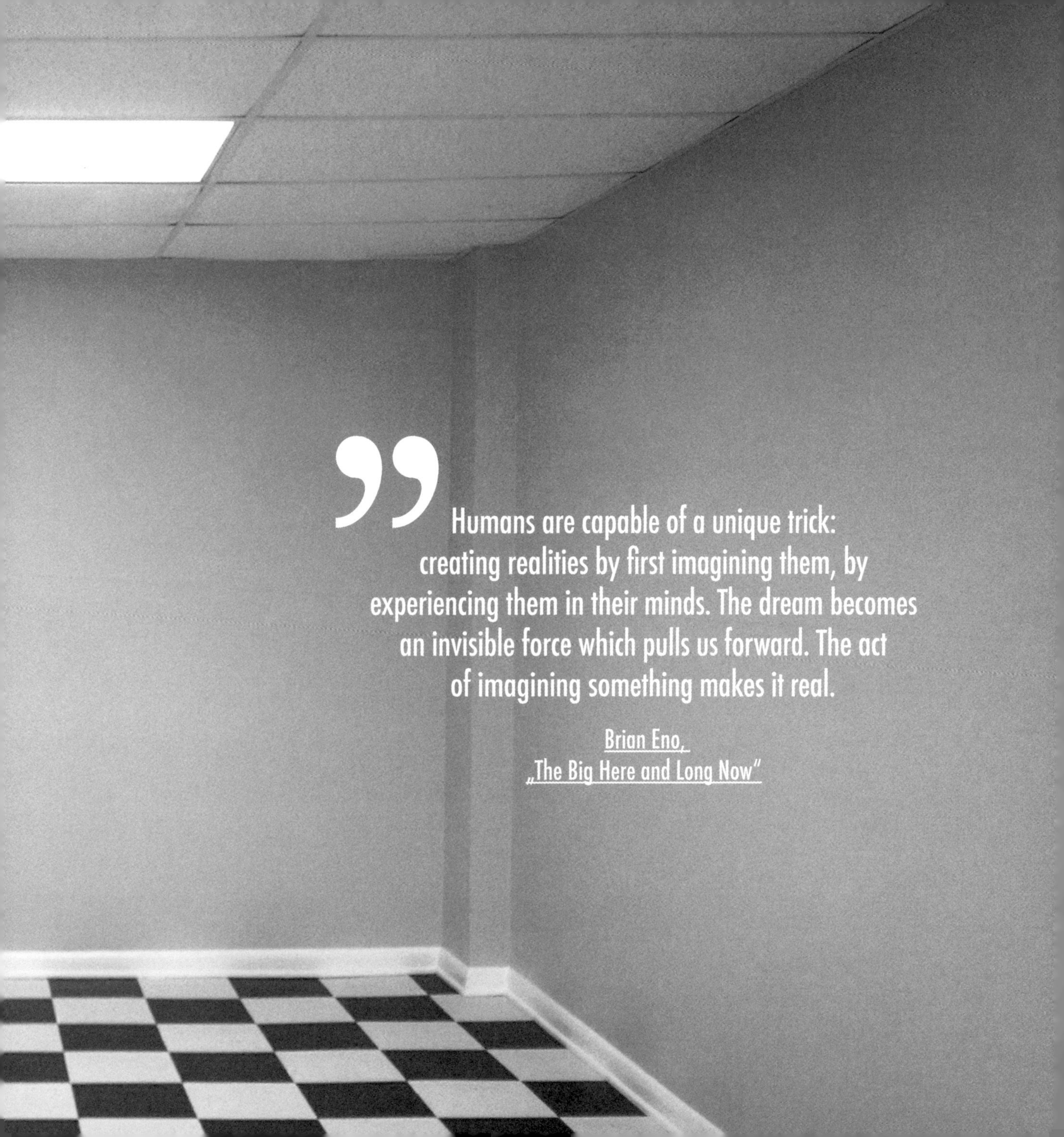

„Humans are capable of a unique trick: creating realities by first imagining them, by experiencing them in their minds. The dream becomes an invisible force which pulls us forward. The act of imagining something makes it real.

Brian Eno,
„The Big Here and Long Now"

Die Zukunft recodieren

Eine Reise ins Morgen

> „Organisms exploit the trick of deploying by different entropic frames... Entropy makes things fall, but life ingenuously rigs the game so that when they do, they often fall into place."
>
> **John Tooby**

Wie nähert man sich der Zukunft, ohne Klischees, Illusionen und Vereinfachungen zum Opfer zu fallen? Indem man den Zukunftsprozess als **Selbstveränderung** organisiert. Es geht also nicht um „wahre Prognosen" oder „richtige Trends", nach denen man sich richten muss. Die Zukunft ist kein deterministisches Fixum, sondern ein Gestaltungsraum, der sich im *eigenen Werden* realisiert. Die Basis für einen solchen Prozess der **Vorwärts-Adaption** sind **interdisziplinäre Think Tanks:**

Denker aus unterschiedlichen Disziplinen und Denkweisen, vom Philosophen über den Künstler bis zum Wissenschaftler, *spiegeln* das Unternehmen oder das Management. Helfen ihm, durch bestimmte **Räume des Wandels** zu gehen. Im richtigen Tempo und der richtigen Reihenfolge.

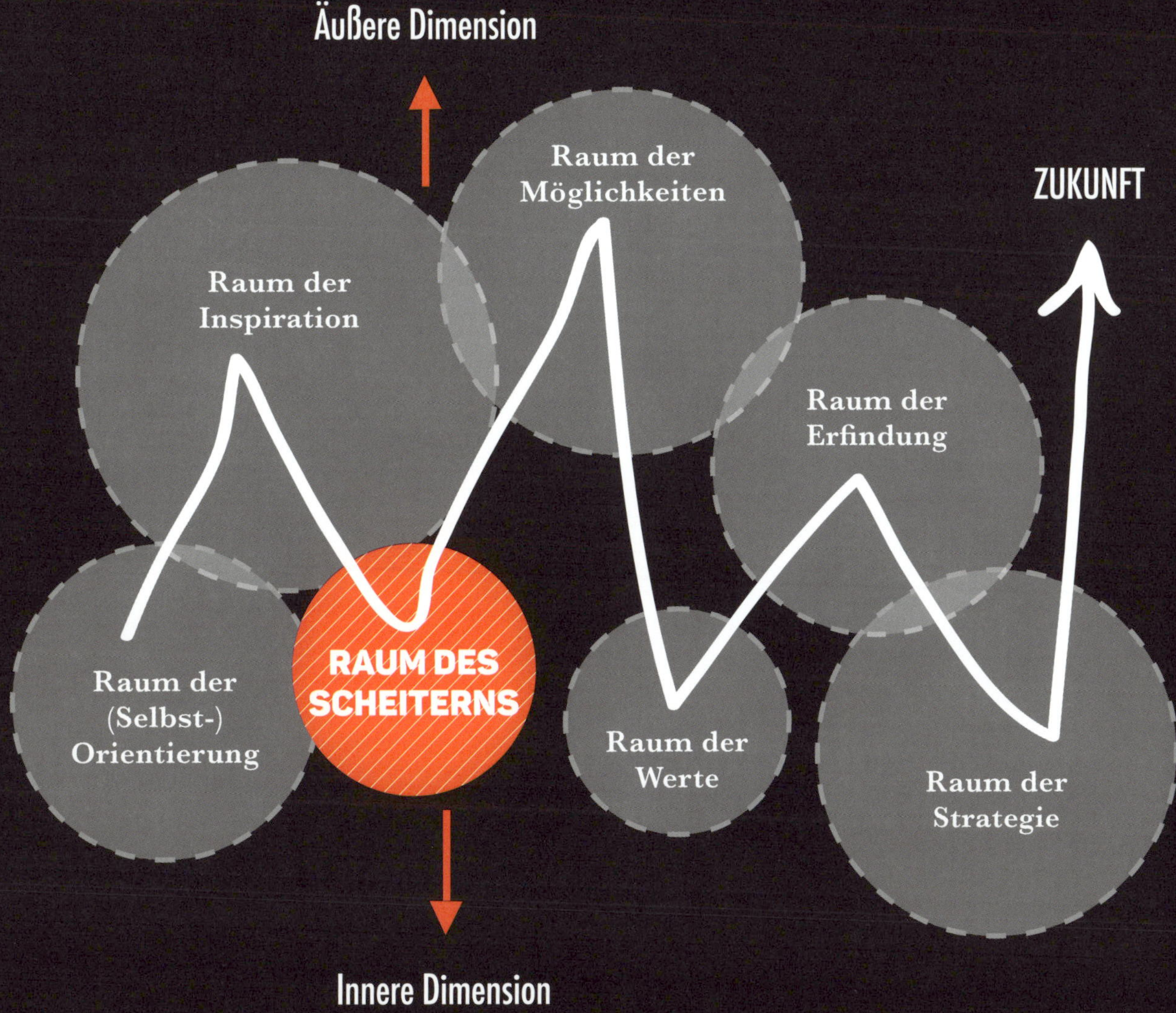

Äußere Dimension
Raum der Möglichkeiten
ZUKUNFT
Raum der Inspiration
Raum der Erfindung
Raum der (Selbst-) Orientierung
RAUM DES SCHEITERNS
Raum der Werte
Raum der Strategie
Innere Dimension

ΓΝΩΘΙ ΣΑΥΤΟΝ

Der Raum der Selbstorientierung

Wo stehen wir – wer sind wir?

Alles beginnt mit einer Reise nach innen: Wer sind wir, und was treibt uns zum Handeln? Wo stehen wir heute, wohin driften wir? Was ist unser Sinn und Zweck jenseits des Tagesgeschäfts? Wie sind wir mit der Welt verbunden? Welche Gestalt hat unsere Furcht?

Gnothi Seauton – das erste Motto des Orakels von Delphi. Selbsterkenntnis ist der erste Schritt. Im Raum der Selbstorientierung schauen wir in den Spiegel. Der Ort dieses Raumes kann sich in einem einsamen Berghotel befinden. Oder in einem Kunstmuseum. Oder in einer alten Fabrik, in der die Träume der Vergangenheit wohnen.

Die Formtheorie

Unterschied und Zusammenhang

In der Phase der Selbsterkenntnis geht es vor allem um die ***Verbindungen***, in denen sich ein Unternehmen und sein Management im Kontext der ***Welt*** befinden. Dafür lässt sich die **Formtheorie** oder **„Formanalyse“** nutzen. Bei dieser Methode geht es darum, die verschiedenen Ebenen eines Systems in einen **Unterscheidungskontext** zu bringen. Denn erst wenn wir etwas „unter-scheiden“ können, können wir es auch „zusammen-fügen“. Formanalyse arbeitet mit den „Häkchen, die verbinden und trennen zugleich“. Durch sogenannte **Rekursionen** wirken die verschiedenen Ebenen aufeinander ein.

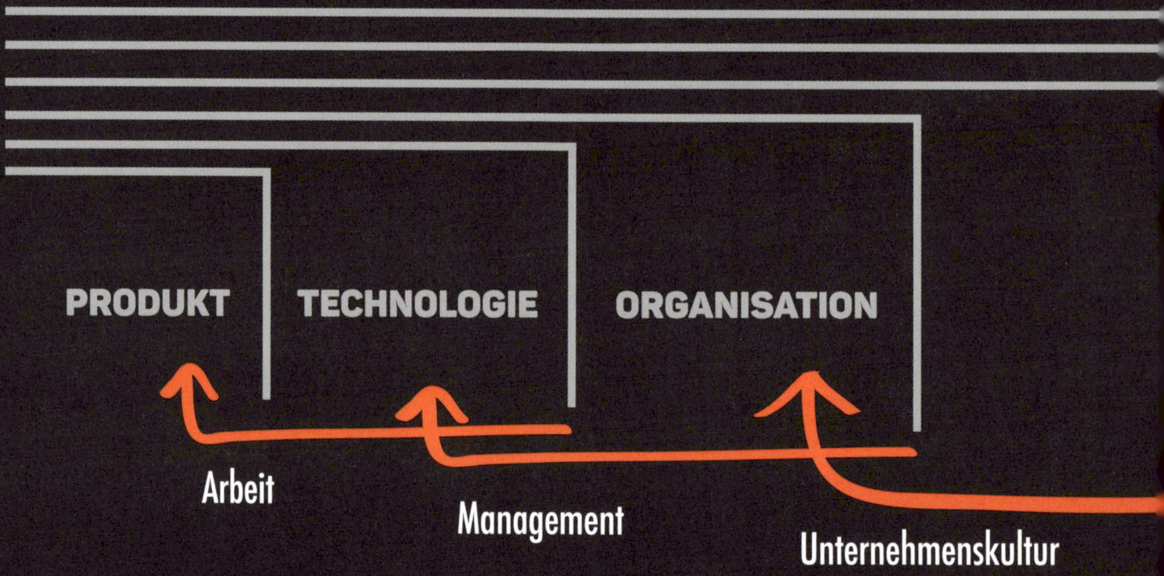

Der „Erfinder" der Formtheorie (*Laws of Form*) war der britische Mathematiker und Universal-Denker **George Spencer-Brown**, der 1969 das hier dargestellte Denk- und Aussagensystem veröffentlichte. Die Laws of Form haben unter anderem das Denken der Wissenschaftler Heinz von Foerster, Louis Kauffman, Niklas Luhmann, Humberto Maturana und Francisco Varela beeinflusst und geprägt.

http://atlas.cid.harvard.edu

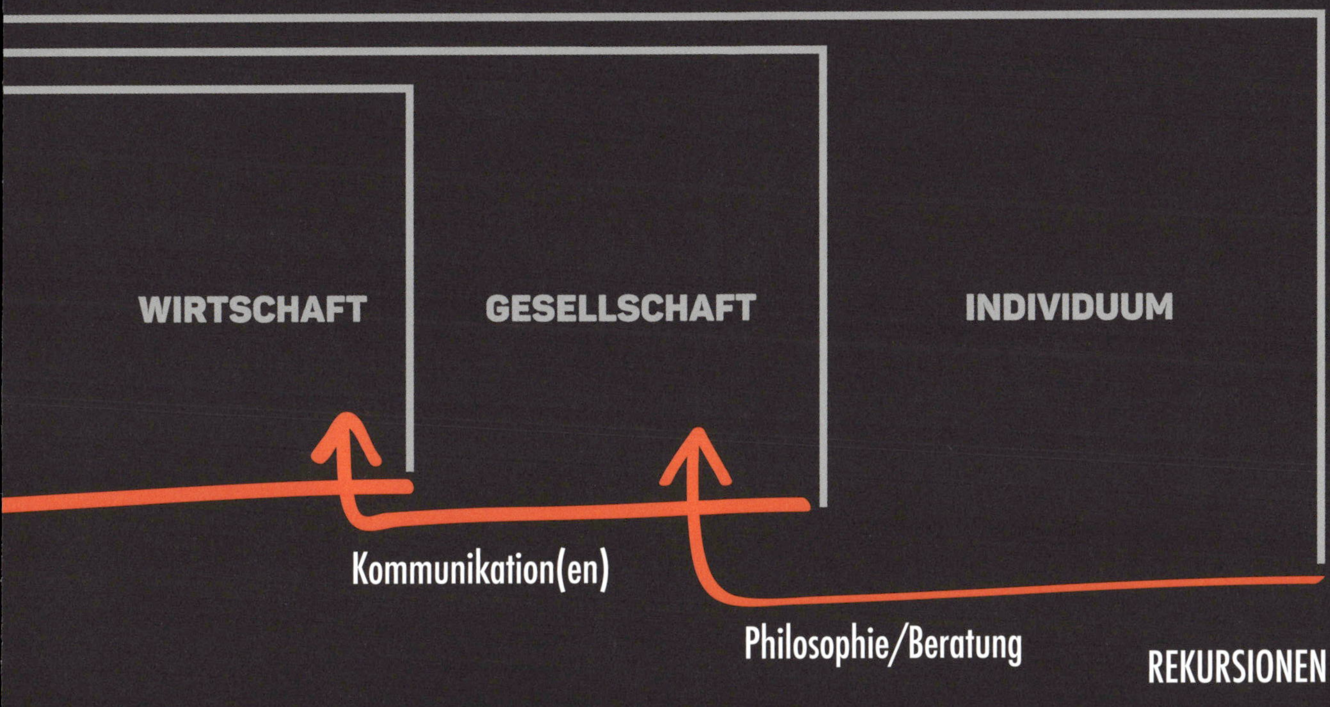

Der Raum der Inspiration

Die Öffnung zur Kreativität

„Ein Problem zu lösen
bedeutet einfach, es so darzustellen, dass
die Lösung erkennbar wird."

Herbert A. Simon

Der **Raum der Inspiration** dient dem Öffnen des Horizonts. Vorbild für dieses Format sind die TED-Konferenzen, auf denen es um Ideen und Visionen geht, die uns aus dem Tunnel der Denk- und Handlungsroutinen befreien. Im Raum der Inspiration geht es um die Kreativität und ihre Einübung. In Sachen Kreativität lassen sich vier Phasen ausmachen: *preparation, incubation, illumination* und *verification* (Michael Rosbach, Rationalität der Kreativität).

Der Raum der Inspiration legt das Schwergewicht auf **Illumination**. „Gepredigt" wird die Faszination am Neuen, das keineswegs immer nur spektakulär oder „technisch" sein muss. Es geht vielmehr darum, die Welt und ihre Elemente *mit neuen Augen zu sehen*. Dabei stellen wir fest: **Jedes Problem ist bereits seine eigene Lösung!**

Der *Raum der Inspiration* kann sowohl für einen kleinen Management-Kreis wie für eine ganze Belegschaft als Groß-Event organisiert werden. Er sollte „mitten im Unternehmen" stattfinden.

ACT II

Der Raum des Scheiterns

Aus Krisen lernen

„Take only memories. Leave nothing but footprints."

Chief Seattle

Wer gewinnt, dominiert seine Umwelt – und muss nicht lernen. Wer scheitert, muss sich selbst „ent-lernen", um neu zu werden! Der **Raum des Scheiterns** dient deshalb zur Stärkung von Demut und Weisheit. *Nichts* ist so lehrreich wie das Scheitern!

Im Raum des Scheiterns lernen wir, auf *gute Weise* nervös zu sein. Wir denken hemmungslos entlang von Knappheiten, Befürchtungen, Unmöglichkeiten und Unzulänglichkeiten. Wir machen die Furcht handhabbar, indem wir sie sichtbar machen. Wir beschäftigen uns mit dem, was sehr wahrscheinlich „danebengehen" wird. **Denn am Ende jedes Planungsprozesses** muss das Versagen stehen! Das geheime Codewort für den Raum des Scheiterns ist **Katharsis**! Und nach jeder Katharsis folgt ein Neuanfang.

E

Der Raum der Möglichkeiten

Orientierung durch Megatrends

Im **Raum der Möglichkeiten** geht es um die strukturierte Arbeit mit *Trends*. Ein genaues **Mapping** der Einflüsse wird erstellt, denen das Unternehmen oder das eigene Geschäftsmodell unterliegt. Welche **Driving Forces** treiben es in die Enge oder in die Zukunft? Welche Barrikaden, Hürden, Sprungschanzen bilden sich auf dem Weg nach vorn?

Hier sind die klassischen Formen des **Trendmapping** gefragt: Roadmaps des Wandels, Szenarien zur Veränderung. Wir wägen unsere Chancen. Wir orientieren uns im Dschungel der Komplexität. Wir entdecken die *Trendfelder*, auf denen wir in Zukunft säen, hegen und ernten wollen.

A
B
G
Я
F
C
Ω
D

Der Raum der Werte

Wofür stehen wir?

„Nur die Fragen, die
prinzipiell unentscheidbar sind,
können wir entscheiden.“

Heinz von Foerster

Jedes Unternehmen, jedes Individuum benötigt einen ethischen Orientierungsrahmen. Werte ermöglichen uns Verbindungen, in denen Vertrauen und Wachstum möglich sind. Über Werte reden ist allerdings schwer. Denn Werte werden fast immer mit **Moral** verwechselt. **Moralisierung** führt jedoch zu einer Verzerrung der Wahrnehmung, in der es nur noch um die eigene Eitelkeit geht. Das Bedürfnis, *„gut“* sein zu wollen, führt zu Selbstbetrug und Propaganda-Lügen.

In diesem intensiven Seminarformat geht es um die Frage, was Werte eigentlich sind: das Ergebnis von unlösbaren Paradoxien, die dem wahren Leben entspringen. Der Konflikt zwischen Freiheit und Norm, Individualität und Gemeinschaft, Materialität und Spiritualität lässt sich niemals auflösen. Ethisches Handeln kann nur in der Moderation dieser Dilemmata bestehen – im Sich-Öffnen für das wahre Geheimnis der Zukunft. **Meden Agan** – *nichts im Exzess* – lautet das zweite Motto des Orakels von Delphi.

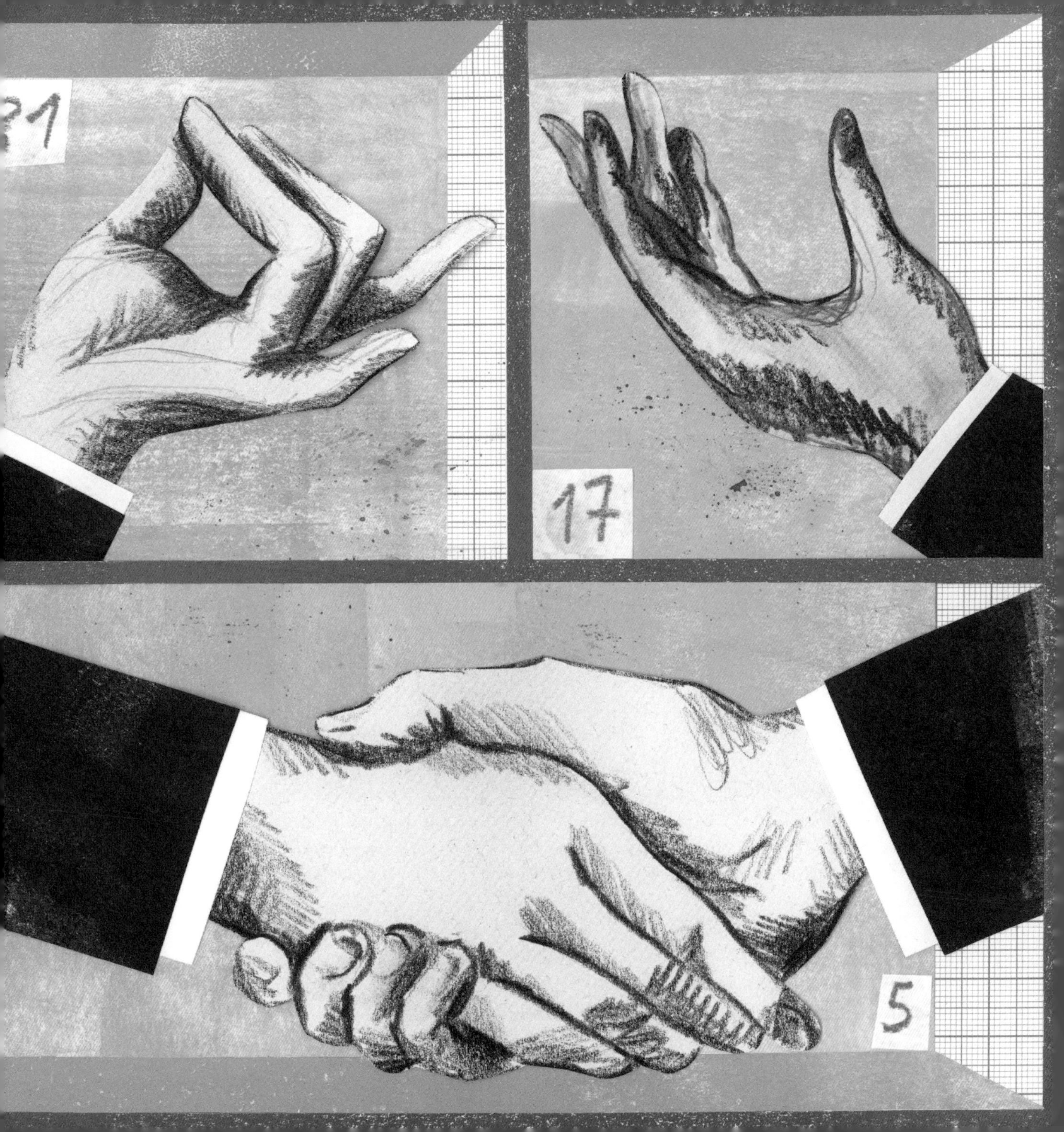

31
17
5

Der Raum der Erfindungen

Brutstätte der Innovation

„Wir dürfen beginnen, über die Evolution im Sinne der Entwicklung von Systemen zu denken, anstatt sie als eine Wanderung mit verbundenen Augen durch das Dickicht der reinigenden Selektion anzusehen.“

James A. Shapiro

In diesem Raum geht es um das reale Produkt, die wirkliche Innovation – das *konkrete Neue*. Im Raum der Erfindung arbeiten wir mit den Prinzipien des **Design Thinking** – übersetzt auf die Logik der integrierten Prognostik. Wir nähern uns der **Gestalt** des Kommenden durch handwerkliche Techniken. Es geht darum, die wirklichen Bedürfnisse von Menschen „in der Zukunft" zu verstehen. Es geht um Probehandeln und Proto-Typing. Es geht um die Frage, wie Trends die Bedürfnisse verändern und was man in Zukunft *weglassen* muss. Es geht um Stil, Grazie, Eleganz und „Würde" von Dienstleistungen und Produkten. **Um die Frage, wie wir** einen **Fortschritt gestalten können**, der das **Geldverdienen verdient**.

Der Raum der Strategie

Die lange Sicht nach vorn

„Nichts im Leben löst ein
größeres Hochgefühl aus, als beschossen
und nicht getroffen zu werden.“

Winston Churchill

Wenn wir wissen, wohin wir wollen, brauchen wir einen Weg der Durchsetzung. Im **Raum der Strategie** hören wir auf das Echo der Zukunft in der Gegenwart. Wir planen weit nach vorne, um unsere Pläne durchzusetzen. Wir üben den **Krieg**. Wie synchronisieren unseren Geist mit langfristigen Zielen. Wir testen Wege, fassen große Entschlüsse, wagen *Ent*-Scheidungen!

Die Technik in diesem Raum entstammt dem **„Wargaming“**, den Kriegssimulationen der Spieltheorie. Es geht um Disziplinen, die von Su Tsi, dem Altmeister der chinesischen Kriegsführung, aber auch von abendländischen Denkern wie Machiavelli oder Clausewitz beschrieben wurden: die Ausübung verantwortlicher Macht im Sinne der Entschiedenheit. Dazu gehören auch: Eroberung, Überwältigung und Dominanz. Aber auch Rückzug. Und bisweilen Unterwerfung.

Die Zukunfts-Grundbibliothek

Diese Bücher möchte ich Ihnen als eine Grundbibliothek der integrierten Prognostik empfehlen. Sie repräsentieren die vielfältigen Aspekte einer universalistischen Wandeltheorie durch die unterschiedlichsten Autoren und Erzählweisen.

Oona Horx-Strathern: Die Visionäre. Eine kleine Geschichte der Zukunft – von Delphi bis heute.
320 Seiten, Signum Verlag, 2008

Ein Grundwerk über die Kulturgeschichte der Zukunft und über die Futurologie vom Schamanentum bis zur Neuzeit. Wie sah man früher die Zukunft und wie veränderte sich die Idee des Morgen in den verschiedenen Menschheitsepochen?

Sharon Bertsch McGrayne: Die Theorie, die nicht sterben wollte. Wie der englische Pastor Thomas Bayes eine Regel entdeckte, die nach 150 Jahren nicht mehr wegzudenken ist.
384 Seiten, Springer Spektrum, 2014

Diese Biographie erklärt die Grundlagen der Probabilistik auf wunderbar unterhaltsame Weise. Wie die Wahrscheinlichkeitsrechnung unsere Gegenwartskultur durchdringt und bestimmt, ja, unsere moderne Welt erst geschaffen hat, wird an zahlreichen lebendigen Beispielen geschildert.

Sandra Mitchell: Komplexitäten. Warum wir erst anfangen, die Welt zu verstehen.
173 Seiten, Suhrkamp Verlag, 2008

Der kleine Essayband der Wissenschaftshistorikerin erklärt auf ganz bescheidene Weise, warum Komplexität der Schlüssel für ein neues, zukunftsweisendes Weltverständnis ist.

Nate Silver: Die Berechnung der Zukunft. Warum die meisten Prognosen falsch sind und manche trotzdem zutreffen.
666 Seiten, Heyne Verlag, 2013

Der neue Star am amerikanischen Prognostiker-Himmel: Silver sagte den Ausgang der amerikanischen Präsidentenwahlen präzise voraus. Er arbeitet mit probabilistischen Modellen, die er aber durch ungewöhnliche Algorithmen ergänzt. Ein gutes Grundwerk über die Grenzen und Möglichkeiten mathematischer Prognostik.

Robert Wright: Nonzero History, Evolution & Human Cooperation.
448 Seiten, Little, Brown Book Group, 2001 (Englisch)

Schade, dass Robert Wrights Schlüsselwerk über die Komplexitäts-Evolution in die Zukunft nie übersetzt wurde. Aber es ist ein Muss für den Zukunftsinteressierten! In den USA gilt Wright als Guru, Bill Clinton ist ein großer Fan von ihm. Sein Werk lässt sich allenfalls so zusammenfassen: Es gibt eine Zukunft, die durch Kooperationsspiele zwischen Menschen und zwischen Mensch und Natur entsteht. Mit Sicherheit!

Daniel Kahneman: Schnelles Denken, langsames Denken.
623 Seiten, Siedler Verlag, 2012

Kahnemans bahnbrechendes Werk über die Frage, wie unser Hirn und unsere Wahrnehmung funktionieren, ist für die Trend- und Zukunftsforschung essentiell. Auch für die Selbsterkenntnis sind seine Erläuterungen wertvoll – und auch amüsant zu lesen.

Nassim Nicholas Taleb: Antifragilität. Anleitung für eine Welt, die wir nicht verstehen.
689 Seiten, Albrecht Knaus Verlag, 2013

In „Antifragilität“ entwirft Taleb eine evolutionäre Theorie des Zufalls, die er auch auf Institutionen, Gesellschaften, Menschen, Ökonomien, „die Welt an sich“ anwendet. Taleb teilt das Universum auf: in Systeme, die fragil, instabil, störanfällig sind und bald schon verschwunden sein werden, und „zufalls-affine" Systeme mit einer Art Hyper-Robustheit, die er „Antifragilität" tauft.

Dan Gardner: Future Babble. Why Expert Predictions are next to worthless, and you can do better.
320 Seiten, Dutton Adult, 2011 (Englisch)

Dan Gardner, ein amerikanischer Publizist, der mit einem sehr schönen Werk über den Alarmismus von sich reden machte („Risk – The Science of Fear"), hat nun auch ein Buch aus dem Genre „Warum die Prognostiker immer irren" geschrieben (leider bislang nur auf Englisch erhältlich). Was Gardners Buch aber lehrreich und wichtig macht, ist eine gründliche Bestandsaufnahme dessen, was zu Irrtümern der Prognostik führte und führt.

Eva Horn. Zukunft als Katastrophe.
480 Seiten, S. Fischer Verlag, 2014

Warum faszinieren uns diese Bilder so? Apokalyptische Landschaften, in denen die Zombies herrschen, vom Dschungel überwucherte Großstadtruinen, in denen die „letzten Menschen" ohne Hoffnung auf Zukunft ums (immer nur kurze) Überleben kämpfen? Jedes zweite Videospiel spielt inzwischen in finalen Endzeiten, und im Buchhandel finden sich reihenweise Bildbände von Dystopien, in denen Menschen auf grandiose Weise ausgestorben sind. Woher diese Gebanntheit, wo wir doch sonst unangenehme Gefühle lieber meiden? Eva Horn, Literaturwissenschaftlerin und Philosophin, hat in ihrem Buch die Apokalypse entschlüsselt. Sie fragt, wie die zahlreichen dystopischen Bilder und Erzählungen auf unsere Gesellschaft (rück-)wirken, welche Narrative sich hinter den verschiedenen Untergangs-Varianten verbergen und aus welchen kulturellen Ur-Speichern sich das alles speist.

Don Edward Beck, Christopher C. Cowan: Spiral Dynamic. Leadership, Werte und Wandel.
500 Seiten, J. Kamphausen Verlag, 2013

Die „Spiraldynamik" (nicht zu verwechseln mit der gleichnamigen Rückenbehandlungsmethode) wurde auch auf Deutsch übersetzt. Ziemlich amerikanisch, aber ein Muss in jedem Futuristen-Bücherschrank.

Und noch einige Empfehlungen:

David Deutsch: The Beginning of Infinity. Explanations that transform the world.
496 Seiten, Viking Adult, 2011 (Englisch)

David Deutsch ist ein brillanter „Alleswisser", der sich ursprünglich mit Quanteninformationstheorie beschäftigt hat. In seinem neuen Buch geht er aber weit über die Physik hinaus und wird zum Philosophen und Kognitionswissenschaftler. Er schreibt über die Evolution des humanen Wissens als Grundlage einer „ewigen" kognitiven Evolution. Hardcore, aber toll!

Bruce Bueno de Mesquita: The Predictioneer's Game. Using the logic of brazen self-interest to see and shape the future.
272 Seiten, Random House, 2009 (Englisch)

Mesquita erklärt, wie man Spieltheorie auf internationale Konflikte anwendet. „Predictioneering" lässt sich mit „Vorhersagen und Gestalten" übersetzen. Unter anderem sah Mesquita das Scheitern der Klimakonferenz von Kopenhagen richtig voraus. Die Pleite von Enron. Die politische Zukunft Hongkongs. Die Strategie der iranischen Regierung. Mal sehen, wie er bei den heutigen Konflikten (Ukraine, ISIS etc.) liegt.

Matt Ridley: Wenn Ideen Sex haben. Wie Fortschritt entsteht und Wohlstand vermehrt wird.
544 Seiten, Deutsche Verlags-Anstalt, 2011

Eine Grundeinführung in einen systemischen Zukunfts-Optimismus von einem der klugen Denker Amerikas.

John H. Miller, Scott E. Page: Complex Adaptive Systems. An introduction to computational models of social life.
271 Seiten, Princeton University Press, 2009 (Englisch)

Für die Hardcore-Leser: Eine Einführung in die Mathematik von Resilienz und Adaption, basierend auf der Komplexitätstheorie.

Björn Lomborg: Apokalypse No!
556 Seiten, Zu Klampen Verlag, 2002

Schon ein Klassiker: Der provozierende Band von Björn Lomborg versucht die Ökologiedebatte auf neue, rationalistische Füße zu stellen.

Erez Aiden & Jean Baptiste Michel: Uncharted. Big Data as a Lens on Human Culture.
288 Seiten, Riverhead Hardcover, 2013 (Englisch)

Eine solide Einführung in die Wort-Trend-Analyse, analog zu den Thesen von Holm Friebe.

Referentenbücher:

Michael Braungart, William McDonough: Cradle to Cradle. Einfach intelligent produzieren.

240 Seiten, Piper Verlag, 2014
(außerdem erschienen: **Michael Braungart, William McDonough: Die nächste industrielle Revolution. Die Cradle-to-Cradle-Community.** 245 Seiten, Europäische Verlagsanstalt, 2008)

Holm Friebe: Die Stein-Strategie. Von der Kunst, nicht zu handeln.
215 Seiten, Carl Hanser Verlag, 2013
(außerdem erschienen: **Holm Friebe, Thomas Ramge: Marke Eigenbau. Der Aufstand der Massen gegen die Massenproduktion.** 288 Seiten, Campus Verlag, 2008
Holm Friebe, Sascha Lobo: Wir nennen es Arbeit: Die digitale Bohème oder: Intelligentes Leben jenseits der Festanstellung. 304 Seiten, Heyne Verlag, 2008
Kathrin Passig, Holm Friebe: Das nächste große Ding. Neues von den Fronten des Fortschritts. 144 Seiten, rororo, 2007)

Christoph Giesa, Lena Schiller Clausen: New Business Order. Wie Start-ups Wirtschaft und Gesellschaft verändern.
316 Seiten, Carl Hanser Verlag, 2014
(außerdem erschienen: **Christoph Giesa: Bürger. Macht. Politik.** 225 Seiten, Campus Verlag, 2011)

Studiengänge für Trend- und Zukunftsforschung an Universitäten in Deutschland/Europa

Zukunftsforschung ist keine eigenständige Wissenschaft, sondern eine fächerübergreifende Disziplin. Deshalb gibt es keine klassischen Studiengänge über Zukunftsforschung und ihre Erkenntnisse, aber vielfältige Teilstudiengänge, auch an deutschen Universitäten.

- **Masterstudiengang Zukunftsforschung FU BERLIN**

Das Ziel ist es, die Techniken wissenschaftlichen Arbeitens in der Zukunftsforschung zu vermitteln und gleichzeitig einen starken Bezug zur Praxis herzustellen. Der Studiengang im Umfang von 120 Leistungspunkten (LP) gliedert sich in Fachmodule in Form von Grundlagen- und Spezialisierungsmodulen sowie in berufspraktische Module; Dauer ca. vier Semester.
FU Berlin: *www.ewi-psy.fu-berlin.de/v/master-zukunftsforschung/index.html*

- **Zentrum für Zukunftsstudien** (kein eigenständiges Studienfach)

Das ZfZ ist derzeit das einzige in eine Hochschule integrierte Institut für Zukunftsforschung in Österreich. Das ZfZ ist eines der ganz wenigen studiengangsübergreifenden FH-Forschungsinstitute mit sozialwissenschaftlicher und wirtschaftswissenschaftlicher Ausrichtung.
ZfZ Salzburg: *www.fh-salzburg.ac.at/forschung-entwicklung/zentrum-fuer-zukunftsstudien/ueber-uns/ueber-uns/*

- **Duale Hochschule Baden-Württemberg** (kein eigenständiges Studienfach)

Der Campus Heilbronn der DHBW Mosbach kooperiert mit dem ITZ – Institut für Trend- und Zukunftsforschung Heidelberg – und ist damit bundesweit die erste Hochschule, die Themen der Trend- und Zukunftsforschung ins Studium integriert. Ziel ist es, Zukunftsthemen zu erforschen, die das Dienstleistungsmanagement und den Konsumgüterhandel betreffen.
DHBW Mosbach: *www.hochschulenhoch3.de/die-hochschulen/forschung/zukunftsforschung.html*

- **Masterstudium Kulturanalyse** (beinhaltet Trend- u. Zukunftsforschung)

Das Master-Studienprogramm vermittelt den Studierenden die historische und methodologische Analyse von kulturellen Theorien, Debatten, Praktiken und Objekten. Es eröffnen sich berufliche Tätigkeiten in Medien, Publizistik, Kulturkritik, Wissenschaftsjournalismus, Trend- und Zukunftsforschung, Kultur- und Wissenschaftsmanagement, Erwachsenenbildung/Weiterbildung, PR/Werbung, Ausstellungs- und Museumsarbeit.
Universität Zürich: *www.degrees.uzh.ch/studiengang.php?CG_SAP_id=50390640&lang=de&SC_SAP_id=50383586*

- **Masterstudium Future Studies**

Das Studium lehrt die Methoden der Zukunftsforschung und beinhaltet die Untersuchung alternativer Zukunftsszenarien inklusive deren Schwierigkeiten und Möglichkeiten, Dauer zwei Jahre, angeboten in Englisch.
University of Turku (Finnland): *www.utu.fi/en/units/ffrc/Pages/home.aspx*

Bildverzeichnis

Foto

Vorwort
S. 5: © Klaus Vynalek

Future Bias
S. 72-73: © Klaus Vynalek
S. 75: © Oona Strathern

Zeichnung

Prognostische Kompetenz
S. 70: © Julian Horx

Future Bias
S. 83, 85, 86: © Julian Horx

Illustration

Future Rooms
S. 236-237, 240-241, 242-243, 244-245, 246-247, 248-249, 250-251:
© Frauke Lehn

Es wird hauptsächlich Bildmaterial von *https://www.flickr.com* mit freier Creative Common Lizenz verwendet, sowie Bildmaterial von *https://commons.wikimedia.org* als Public Domain. Alle Fotos wurden bearbeitet und in ein SW-Farbprofil, beziehungsweise in Duplex, umgewandelt.

Impressum

Autor
Matthias Horx

Chefredakteur
Thomas Huber

Konzept/Grafik
Bianca Traub

Druck
Henrich Druck + Medien GmbH
Schwanheimer Strasse 110, 60528 Frankfurt am Main

ISBN
978-3-938284-98-8

zukunftsInstitut

www.zukunftsinstitut.de